Margery (Gred)

Un conte du vieux Nuremberg (Volume 8)

Georg Ebers

(Traducteur : Clara Bell)

Writat

Cette édition parue en 2024

ISBN : 9789359948546

Publié par
Writat
email : info@writat.com

Contenu

CHAPITRE XIV. ....- 1 -
CHAPITRE XV. ....- 10 -
UN POSTSCRIPTUM DE KUNZ SCHOPPER ....- 30 -
SIGNETS DE L'EDITEUR ETEXT : ....- 47 -

CHAPITRE XIV.

Notre bon espoir de partir à bonne vitesse dans le vaste monde pour tout risquer pour notre amant et frère n'était pas encore réalisé. Nous devions prendre patience ; et si cela paraissait difficile à nous, jeunes filles, c'était encore pire pour Kubbeling ; l'homme avait l'habitude d'errer librement où il voulait, et pendant ces jours de séjour dans la cabane forestière, il perdit d'abord son humeur joyeuse, puis tomba malade de la fièvre. Pendant deux longues semaines, il dut il abed, lui qui, comme il le disait lui-même, n'avait jusqu'à présent jamais eu besoin d'une guérison autre que celle que pouvait lui donner la sangsue qui soignait ses bêtes. Nous attendions sa nouvelle avec beaucoup de crainte ; et à ce moment- là également, nous ne savions que penser de ces messieurs qui jusqu'alors avaient été pour nous des amis si fidèles et si fidèles, dans la mesure où le docteur Holzschuher ne donnait aucun signe, et peu après l'enterrement de mon grand-oncle, l'oncle Christian et maître Pernhart avaient mis en place en route pour Augsbourg sur certaines affaires privées du conseil municipal. Pourtant, nous ne pouvions rien faire d'autre que de nous soumettre, car nous savions que tout bon citoyen pense avant tout au bien du Commonwealth.

Même nos plus proches parents avaient mis nos soucis de côté, tandis que jour et nuit cela pesait sur nos âmes, et nous nous préparions pour longtemps à venir du besoin et de l'humble joie. La Vierge soit témoin qu'à cette époque j'étais prêt et disposé à abandonner beaucoup de choses auxquelles nous étions forcés de renoncer ; cependant, nous avons découvert qu'il était plus facile de manger du pain sans beurre et sans viande que de renoncer à certaines autres choses. Quant à mes bijoux, que la cousine Maud ne voulait pas vendre, mais qu'elle confiait à un orfèvre, je n'en avais pas envie. Seul un cœur avec un gros rubis que j'avais toujours porté comme étant le premier gage d'amour de mon Hans , j'aurais en effet été désireux de le garder, mais alors que Maître Kaden fixait un prix élevé à la pierre, je lui ai permis de la briser, malgré tout. tout ce que cousine Maud et Ann pouvaient dire, et n'a gardé que l'écrin en or. Il était également difficile d'envoyer les serviteurs et de faire la sourde oreille à leurs lamentations. La plupart des hommes, lorsqu'ils avaient appris où en étaient les choses, seraient volontiers restés pour nous servir pour un salaire moindre, et chacun se promenait comme si la grêle avait gâté sa récolte ; seule la vieille Suzanne tenait la tête plus haute que jamais, parce que nous l'avions choisie pour partager notre part pendant les années de famine. De même , nous étions heureux de promettre au vieux gardien de chevaux, qui avait servi notre père avant nous, que nous prendrions soin de lui tous ses jours ; il me pria ardemment de garder mon palefroi hongrois, car, à ses yeux, une demoiselle de haut rang sans selle ni monture était comme un oiseau qui ne peut se dresser sur ses ailes. Cependant nous avons trouvé ceux qui étaient heureux d'acheter le cheval, et je n'oublierai jamais l'heure où, pour la dernière fois, j'ai caressé le cou lisse de mon Bayard, cadeau de mon amant perdu, et j'ai senti sa petite tête astucieuse appuyée contre mon propre. Oncle Tucher l' a acheté pour sa fille Bertha, et c'était pour moi un réconfort de penser qu'elle était une servante douce et bienveillante, que j'aimais vraiment. De même, tous les objets en argent dont nous avions hérité étaient donnés en gage contre de l'argent, et je ne savais où ils se trouvaient ; pourtant, en vérité, les dons de Dieu ont meilleur goût dans une cuillère en argent que dans une cuillère en étain. La cousine Maud, qui ne voulait pas de demi-mesure, portait chez le prêteur sur gages beaucoup d'affaires de peu de valeur ; Cependant tout cela ne nous attristait que légèrement, bien que le ciel fût sombre au-dessus de la ville, parce que d'autres événements survenaient à cette époque, qui nous donnaient une meilleure humeur.

Le Magister, dès qu'il eut connaissance de notre projet, vint avec toute la bonne volonté de nous offrir tout ce qu'il pouvait et déclara son intention de partager notre mode de vie simple, et ce n'était rien de plus que ce que nous espérions, même si nous son intention était seulement de lui prendre ce qu'il pourrait facilement mettre de côté. Mais ce fut en effet une joyeuse surprise lorsque, par un jour maussade, Heinz Trardorf , le compagnon de jeunesse le plus aimé de Herdegen , qui était resté longtemps loin de la maison, est venu nous parler des préoccupations de Herdegen . Il avait désormais suivi son père décédé comme maître dans son métier, et était déjà si bien considéré que le Conseil avait confié à ses mains habiles la construction d'un nouveau grand orgue pour l'église Saint-Laurent. Je savais bien, certes, que lorsque Herdegen était revenu de Paris dans toute sa bravoure, il ne s'était guère soucié de la camaraderie de Trardorf ; mais j'avais remarqué à maintes reprises à l'église que ses yeux avaient l'habitude de se poser sur moi avec un plein amour.

Et maintenant, quand je lui tendis la main et lui demandai quelle pouvait être sa volonté, au début il pouvait à peine parler, bien qu'il fût un homme de substance à qui tout le monde lèverait son chapeau. Enfin , il osa me dire qu'il avait eu vent de la somme demandée pour racheter Herdegen , et que lui, dans la mesure où il habitait dans sa propre maison et que ses bénéfices le maintenaient dans plus qu'abondance, ne pouvait avoir de plus grande joie. que de payer l'argent qu'il avait en héritage pour racheter mon frère.

Et tandis que le bon garçon parlait, les larmes lui montèrent aux yeux, et les miens étaient sur le point de couler aussi ; et bien que la cousine Maud soit intervenue ici et, pour cacher à quel point son cœur était profondément touché, elle ait dit, presque durement, que sans aucun doute le jour n'était pas loin où il aurait une femme et une famille, et pourrait regretter l'acte par lequel il il s'était séparé de sa succession, sans jamais pouvoir la revoir, je lui tendis librement et volontiers la main et lui dis que pour ma part, son offrande me serait la plus chère de toutes, et que Herdegen serait certainement du nombre des autres. même esprit. Et un rayon de soleil éclaira son visage, et tandis qu'il me serrait la main en silence , je vis qu'il s'empêchait à peine de me trahir davantage. Après cela, j'appris par sa bonne mère que cette offre d'argent lui avait coûté un grand chagrin, mais seulement pour cette raison : qu'il m'avait aimé dès sa jeunesse, et que sa noble âme lui défendait de me faire la cour. alors qu'il m'avait en vérité rendu un si grand service.

Pourtant, et malgré ces lueurs, je dois toujours me souvenir de ces trois semaines comme d'une période sombre et douloureuse.

de Kubbeling et son grossier compagnon étaient partis à Venise à sa place. Ils ne pouvaient pas naviguer vers le pays d'Égypte, et cela irritait beaucoup Uhlwurm , car il était sûr en lui-même que lui, bien mieux que son maître ou que n'importe quel homme sur terre, pourrait y rendre de bons services à Ann, sur qui son notre âme était plus attachée à aucun autre d'entre nous.

Vers la fin de la troisième semaine , nous partîmes à cheval pour passer encore quelques jours au lodge, et nous y trouvâmes le jeune Kubbeling . presque guéri de sa fièvre, et la langue d'Eppelein prête à remuer et à nous raconter ses nombreuses aventures sans trop en demander. Cependant, hormis ce qui concernait ses propres mésaventures, il n'avait pas grand-chose à dire que nous ne sachions déjà.

Le pirate sarrasin qui était monté à bord du galion de Gênes qui le transportait avec son seigneur à Chypre, l'avait séparé de Herdegen et de Sir Franz et l'avait vendu comme esclave en Égypte. Là, il avait connu de nombreuses fortunes, jusqu'à ce qu'enfin, à Alexandrie, il rencontre un jour Akusch . A cette époque, le père de mon fidèle écuyer était encore en bonne santé, et il acheta aussitôt Eppelein , qui était alors un bien du surveillant du marché, afin que cet homme puisse aider son fils dans la recherche de Herdegen . Ils avaient poursuivi cette recherche avec diligence et avaient découvert mon frère et Sir Franz ensemble dans l'armurerie du palais du sultan, dans le fort face au Caire, où ils étaient venus après avoir tous deux travaillé aux rames dans une grande misère pendant deux ans. à bord d'une galère sarrasine.

Mais alors Herdegen avait fait preuve, dans quelques joutes parmi les jeunes Mamelouks, de son habileté avec l'épée, et il avait ainsi gagné une telle faveur qu'ils étaient obligés de remettre diverses lettres qu'il nous écrivait, aux soins de le consul de Venise. Alors qu'il n'avait pas de réponse, il l'avait imputé à notre manque de diligence à la maison, jusqu'à ce qu'il soit finalement mis sur la bonne voie par Akusch , et il fut clairement démontré que ces lettres ne nous étaient jamais parvenues, et cela à cause de la méchanceté d'Ursula. Pour poursuivre ces affaires, Akusch s'était ensuite retourné à Alexandrie ;

cependant, à cette époque, son père était tombé dans des jours mauvais. Et voici, le soir même après leur retour, alors qu'ils passaient à côté du Fondaco de Venise , où ils étaient allés voir la sangsue qui accompagnait le consul, ayant appris qu'il était allemand de naissance, ils savaient Ils entendirent un grand cri tout près et aperçurent bientôt un homme blessé, qu'ils reconnurent aussitôt pour Kunz.

d' abord que leurs yeux les trompaient ; et que ce soient ces deux-là, entre tous les hommes, qui aient trouvé le frère de leur maître couché dans son sang, je dois toujours considérer comme un miracle. Certes, tout homme occidental désireux d'en chercher un autre en terre d'Égypte doit d'abord se renseigner ici, à Fondaco .

Quelques heures plus tard, Kunz était au lit et bien soigné dans la maison de la mère d'Akusch , et c'est à leur retour au Caire, pour parler de ces questions avec mon frère aîné, qu'Eppelein fut témoin de l'ignoble trahison d'Ursula et de la vaste demande de le Sultan. Alors mon frère, avec l'aide de ceux qui lui témoignaient de la faveur, fit transmettre à Akusch cette lettre dont Eppelein avait été durement volée par Pillenreuth . Il n'était pas nécessaire que ce brave garçon en dise davantage.

Pendant que je rentrais chez moi à travers les bois, je me demandais qui pourrait être l'ami sage et fidèle à qui nous pourrions confier notre cas et nos craintes, si Kubbeling nous laissait tomber, en vérité je ne trouvai aucune réponse. Si en effet le cousin Gotz , ce voyageur sage et ferme, riche de mille expériences de vie extravagante, s'il voulait faire cause commune avec son Petit Chaperon Rouge et le compagnon de sa jeunesse ! Mais un terrible serment le retenait loin, et où pourrait-il se trouver dans le monde ?

Ann avait également beaucoup de raisons de peser sur elle, et j'ai remercié les saints d'être seul avec Eppelein lorsqu'il m'a dit que son cher seigneur était profondément changé, bien que ne l'ayant vu que de loin, il pouvait à peine me dire en quoi consistait ce changement.

Ainsi, nous sommes rentrés chez nous en silence, pendant le crépuscule du soir, et alors que nous arrivions en vue des lumières de la ville, tous mes doutes et mes peurs errantes ont disparu d'un coup, me demandant qui serait la première personne que nous pourrions rencontrer à l'intérieur de la porte. , dans la mesure où la cousine Maud nous avait toujours donné le mauvais exemple de considérer une telle rencontre comme un signe, ou un signe, ou un augure.

Or, dès que nous eûmes laissé la porte derrière nous, voici, une lanterne fut levée, et nous vîmes, à la lumière scintillant faiblement à travers le klaxon, au lieu du visage rouge et somnolent du vieux Hans Heimvogel , celui d'une douce et charmante jeune fille ; c'est parce qu'il était tombé dans l'horreur, s'imaginant que des souris se précipitaient sur lui, de sorte que sa belle petite-fille Maria faisait son devoir pour lui. Et je l'ai saluée très gracieusement, dans la mesure où la cousine Maud considérait que c'était un bon signe qu'une femme de chambre souriante soit la première à la rencontrer lorsqu'elle franchissait les portes de la ville.

Quant à Ann, elle marqua à peine que c'était Maria ; et quand, après notre retour à la maison, je lui parlai de ce gage de bonne promesse, elle me demanda comment, en ces temps mauvais, je pouvais trouver le courage de penser à de telles choses ; et elle soupira et s'écria : « Oh, Margery, en effet, j'ai le cœur lourd ! Pendant trois longues années, j'ai fait preuve de patience et de bonne volonté. Mais la fin, me semble-t-il, est plus loin que jamais, et celui qui aurait dû l'aider nous est handicapé ou s'il a remué le petit doigt, et même le retour de milord Cardinal est reporté, bien que tous les hommes sachent qu'Herdegen est comme un homme dans une fosse aux lions - et moi, mon esprit s'enfonce en moi. ma sage grand-mère ne peut me donner de meilleur conseil que d'attendre patiemment et encore une fois d'attendre...

Sur quoi Susan, qui nous avait enlevé nos cagoules mouillées, l'interrompit : « Oui, Maîtresse Ann, et cela a toujours été, depuis l'époque d'Adam et d'Ève, le meilleur de tous les conseils. Car la vie, tout au long de sa vie, n'est qu'attendre. la fin ; et même quand nous avons pris le dernier sacrement et que nos yeux sont éteints dans la mort, alors avant tout devons-nous prendre patience, en attendant ce que nous trouverons au-delà de la tombe. Ici-bas ! Par mon âme, j'ai moi-même grisonné en attendant en vain pour celui qui m'a donné cette bague, il y a de nombreuses années. D'autres ont eu plus de chance ; pourtant si le prêtre nous avait épousés, est-ce que cela aurait mis fin à Patience ? Je ne le pense pas ! Cela aurait pu être pour le bien ou cela aurait pu être pour car malheur. Une femme peut aller à la messe tous les jours du mois. Mais est-ce la fin de la patience ? Les cigognes lui apporteront-elles un bébé ou non ? Sera-ce un garçon ou une servante ? Et si le petit venait, après que la femme aura récité son chapelet jusqu'à ce que ses doigts lui fassent mal, que deviendra le bébé qui attend? Un enfant comme Junker Herdegen grandit pour être le délice de tous les yeux et de tous les cœurs, et si cela a moins besoin de patience, il semble que nous le sachions. très bien! Et Maîtresse Waldstromer , là dans la forêt, une dame, elle, au tempérament sévère, elle pouvait raconter une histoire ; et je dis, Maîtresse Ann, si la réponse de la vieille dame Pernhart pénètre dans votre cœur, la bénédiction de Dieu repose sur elle ! — J'attends, comme vous attendez. Nous en attendons tous un ; si, grâce à l'aide miséricordieuse des saints, il rentre un jour à la maison, ne rêvez jamais, Maîtresse Ann, que Patience sera hors cour.

Et avec un tel réconfort, la vieille femme a fait sécher nos vêtements pendant que nous inclinions la tête et montions les escaliers.

Dans la chambre des invités, nous entendîmes des voix fortes et, tandis que nous avancions, un spectacle étrange rencontra nos yeux. L'oncle Christian et le docteur Holzschuher étaient assis face à face avec la cousine Maud, et elle riait si fort qu'elle ne pouvait pas se contrôler, mais elle leva les bras en l'air puis les laissa tomber sur ses genoux, pour tout le monde comme elle nous l'avait appris, les enfants. jouer à un jeu de « Envolez-vous, petits oiseaux ».

Lorsqu'elle remarqua ma présence, elle oublia de me saluer et me cria, presque essoufflée :

"Un verre de vin, Margery, et un morceau de pain. Je suis prêt à partager, je mourrai de rire !"

Puis, quand j'entendis le bon rire de mon bon parrain Christian et que je vis que Maître Holzschuher venait tout juste de s'arrêter, j'eus envie de rire de même, et même Ann, bien qu'elle eût été si triste maintenant, se joignit à lui. Cela dura longtemps. jusqu'à ce que nous ayons appris la cause d'une telle gaieté inhabituelle ; et c'était de nature à apporter un grand réconfort et une nouvelle assurance, et nous étions obligés de demander pardon à nos bons amis de les avoir jugés manquant de diligence. Maître Holzschuher avait en effet profité au mieux de son temps pour inciter tous les hommes aisés de Nuremberg qui avaient connu notre défunt père, les abbés des riches couvents et bien d'autres, à donner de leurs biens autant qu'ils le pouvaient. , pour racheter Herdegen du pouvoir des païens ; et les deux autres avaient également fait des merveilles à Augsbourg.

Mais ce qui avait fait rire la cousine Maud, c'était que mon oncle Christian avait raconté comment lui et maître Pernhart , trouvant le vieux Tetzel, le père d'Ursula, à Augsbourg, s'étaient mis d'accord pour lui faire payer une part de la rançon de Herdegen ; Et le visage de mon parrain rayonnait à nouveau, avec un contentement dans tous ses traits, tandis qu'il nous racontait par quels moyens il avait gagné le vieillard grossier à la bonne cause.

Alors que les trois bons messieurs avaient estimé que tous les grands biens de Jost Tetzel devaient bientôt revenir à sa fille, et que ce serait un acte agréable à Dieu d'apporter quelque châtiment à cette traître queen, ils avaient ourdi un complot contre son père ; et c'était pour cela seulement que l'oncle Christian, qui supportait mal la promenade en hiver, était parti, avec maître Pernhart , pour Augsbourg. Et là, il avait réalisé un rare chef-d'œuvre d'habileté, en décrivant à son père la méchanceté réprouvée de Dame Ursula sous des couleurs si vives que maître Pernhart craignait qu'il ne s'attire une nouvelle crise. Et il avait en outre juré de soumettre toute l'affaire à l' empereur , auprès duquel, comme chacun le savait, il jouissait de nombreux privilèges, dans la mesure où il avait été pour ainsi dire son hôte lorsque Sa Majesté tenait sa cour à Nuremberg. Ursule, certes, n'était plus le sujet de Sa gracieuse Majesté ; mais lui, Christian Pfinzing , ne connaîtrait de repos que lorsque l' empereur aurait forcé son père, Jost Tetzel, à couper à celle qui avait épousé un Italien les possessions qu'elle comptait sur une ville allemande.

Sur ce, Pernhart avait parlé avec des paroles calmes mais fortes, menaçant que son frère, le cardinal, ne jetterait la plus grande colère du pape sur le vieil homme et sa fille, à moins qu'il ne soit prêt et disposé à faire amende honorable et à expier le péché maudit de son enfant. , par lequel un chrétien était tombé entre les mains des païens impies. Et quand ils eurent enfin vaincu la dureté de cœur et la méchanceté raide du vieillard grossier, ils le poussèrent à un étrange marché. Le vieux Tetzel était ferme dans son intention de renoncer le moins possible à l'héritage de sa fille, tandis que ses bourreaux augmentaient leurs exigences et réclamaient cent florins et cent florins de plus, jusqu'à plusieurs centaines, que Tetzel fut forcé de céder ; jusqu'à ce qu'enfin il donna son engagement, signé et scellé, de renoncer à tous les biens de sa fille, d'y ajouter deux mille florins de son propre argent, et de garder la somme prête à racheter Herdegen .

Ainsi, d'un seul coup, toutes nos craintes touchant l'argent furent terminées ; et quand le notaire nous montra le rouleau de parchemin sur lequel chacun avait inscrit la somme qu'il donnerait, nous restâmes muets ; et quand nous comptions tout cela, la somme était bien plus grande que celle qui nous avait coûté tant de nuits blanches.

A cette époque , nous savions à peine lire, pleurant, et nos âmes étaient si émues de gratitude lorsque nous marquions les grosses sommes d'argent en regard des noms des familles nobles et des trésoriers du couvent, que nous n'avions jamais éprouvé un si grand amour pour notre bonne ville et les chers et fidèles amis qui y habitaient. Bien plus, et beaucoup de gens simples avaient promis de payer une partie de leur modeste provision ; et bien que mon âme débordait de joie reconnaissante pour les grandes sommes à donner par nos amis et parents, je ne me réjouissais pas moins des cinq livres de liards promises par un cordonnier, que nous avions aidé il y a quelques années alors qu'il était malade et malade. dette.

Et puis il y eut de chaleureuses accolades et des baisers, et les hommes, comme il sied à un acte si bien fait, eurent envie de boire. La cousine Maud s'empressa de faire honneur à des amis et à des invités si chers ; mais alors qu'elle atteignait la porte, elle resta immobile comme dans le doute et me fit un signe si bien que je compris que quelque chose n'allait pas. Et il en était ainsi, puisque nos vases d'argent, jusqu'à la moindre coupe, étaient allés en gage à l'orfèvre, et que l'oncle Tucher , le conseiller , qui avait acheté mon palefrenier, avait aussi voulu récupérer tout notre vieux vin. , dont de nombreuses belles rangées de tonneaux et de jarres scellées avec de la poix se trouvaient dans nos caves. Quelques jambons pendaient encore dans la cheminée, par bonheur ; et il y avait des poules et des œufs en abondance ; mais pour tout le reste, c'est assez peu, même pour le beurre. Lorsque la cousine Maud exposa tout cela avec un visage juste et lamentable , je ne pus retenir ma gaieté, et je lui promis que si elle pouvait faire venir quelques plats délicats de la cuisine, je m'efforcerais de plaire à nos chers invités. Quant au vin, je m'en chargerais, et aucun empereur n'aurait à avoir honte de nos verres de Venise. Et par là, je l'ai envoyée descendre les escaliers ; mais j'avouai alors franchement à nos amis où en étaient les choses ; et quand ils m'avaient entendu, tantôt riant de bon cœur, tantôt étonnés et secouant la tête, je demandai au docteur Holzschuher , en tant qu'homme de droit, comment je pourrais traiter le vin, puisqu'il avait déjà trouvé un acheteur ? Là-dessus s'élevèrent de nombreuses discussions et discussions plaisantes, et finalement le savant notaire et docteur en droit déclara qu'il estimait qu'il était de son devoir, en tant que conseiller du Conseil et administrateur des domaines Schopper , de goûter et de prouver avec toute la prudence nécessaire si le Le prix promis par Tucher , et non encore payé, n'était pas trop peu pour l'alcool, dans la mesure où ses clients, n'étant que des femmes, n'avaient aucune connaissance des bons cadeaux de Bacchus et ne pouvaient en connaître la valeur. S'abstenir de tels tests serait un manquement à son devoir, et bien qu'il ne se fie pas uniquement à ses propres compétences, il doit faire appel à Maître Christian Pfinzing en tant qu'homme d'expérience et à Maître Conseiller . Pernhart , qui, en tant que frère d'un grand prélat, avait sans doute bu beaucoup de bonne liqueur, se rendit en bonne et due forme avec lui à la cave des Schoppers , et là, pour marquer les vases ou jarres d'où le vin devait être tiré pour l'essai. . De plus, pour satisfaire à toutes les exigences du cas, il faudrait envoyer un domestique faire appel à maître Tucher , comme acheteur, pour assister en sa personne à la cérémonie. Comme il manquait encore deux heures de minuit, on le trouverait sans doute dans la taverne des messieurs ; et il pourrait être enjoint au messager d'ajouter que si maître Tucher voulait amener avec lui quelqu'un d'expert en ces matières pour lui témoigner de sa part, un tel homme serait le bienvenu au Schopperhof .

Ainsi, au bout d'un quart d'heure, les trois dignes messieurs, Ann et moi, étions assis devant nous avec les jarres à vin , après avoir choisi eux-mêmes le meilleur que notre cave pouvait offrir ; et lorsque les viandes envoyées par la cousine Maud furent mises sur la table, bien qu'il n'y ait que des assiettes et des pots en terre, et qu'aucun argent ne brillait sur le drap blanc comme neige, les bons dons de Dieu ne manquaient pas de leur saveur.

Et bientôt l'oncle Tucher entra, et avec lui, comme témoin habile, le vieux maître Loffelholz ; et quand ils se furent également assis avec nous et que nous avions invité le Magister à se joindre à nous, il y eut des vidages si chaleureux et joyeux des verres et des conversations amicales que Maître

Tucher déclara que l'esprit heureux de notre père, le chanteur, habitait toujours. dans nos murs. Cependant, Ann devait accomplir son devoir de surveillante auprès de mon oncle plus souvent ce soir-là que depuis longtemps.

Au cours de ce joyeux souper, de nombreuses questions importantes furent discutées, et ces messieurs, me semblait-il , étaient beaucoup plus troublés que la cousine Maud ou moi que nous nous soyons séparés si hâtivement de diverses affaires qui ne devraient pas manquer dans une maison de bonne famille. , mais qui, comme nous l'avions appris par expérience, n'étaient en aucune façon nécessaires dans la vie. Et bien des plaisanteries ont été prononcées à propos de nos pauvres plateaux et plats, de nos cuillères en fer blanc et de nos écuries vides. Le marché sur le vin fut déclaré nul et non avenu, et ma cousine prit courage à assurer à ces messieurs, dans un discours convenable, que maintenant elle était de nouveau heureuse, quand elle savait que ce qu'elle avait présenté à des invités si dévoués et bienvenus était en effet, le nôtre, et non celui d'un autre.

Au moment de leur départ, il était plus proche du chant du coq que de minuit ; et quand, le lendemain matin, j'entrai dans la chambre pour regarder dans la rue, le soleil brillait brillamment dans un ciel bleu. Je pensais à moi avec des remerciements silencieux pour toute la bonne humeur que nous avait apportée hier, ainsi que pour la sagesse et la fidélité de nos bons amis. Bien des paroles sages et spirituelles prononcées autour de leur vin me revinrent alors ; et je me demandais quel nouveau complot se tramait entre mon parrain et l'oncle Tucher , alors que je les avais repérés en train de baisser la tête, quand voici, le garçon d'écurie des Tucher descendait la rue, conduisant mon cher cheval bai . ; et en le voyant de plus près , je vis que sa crinière et sa queue flottante étaient tressées de fins rubans rouges. Il s'arrêta devant notre porte et, alors que je descendais saluer la fidèle bête, le garçon me remit une lettre dans laquelle rien n'était écrit hormis ces mots latins en grosses lettres : « AMICITIA FIDEI » qui veut dire : « Amitié à Fidélité."

Ainsi, le pincement et le sacrifice furent brusquement terminés ; et bien qu'une tempête de neige ne tardât pas à s'abattre sur nous, le soleil dans mon sein était toujours aussi brillant que si le printemps y était apparu en décembre, et tous les soucis et toutes les craintes étaient bannis.

CHAPITRE XV.

Il était midi. Maître Peter ne pouvait pas venir à table à cause d'un violent mal de tête, et la cousine Maud ouvrait à peine les lèvres. Cette tournure soudaine des choses avait bouleversé son équilibre et tellement étourdi son cerveau qu'elle répondait à contre-courant, et avait commandé tant de noisettes de beurre à la fille de la ferme que si elle avait des gâteaux à cuire pour tout un couvent rempli de sœurs. . De même, une étrange agitation la faisait aller et venir , et cela commençait également à m'arriver, parce qu'Ann ne venait pas, bien que le matin elle avait promis de revenir ici à midi.

J'allais me préparer à la chercher, lorsque je fus arrêté, d'abord par un message venant de la forêt m'invitant, quoique j'eusse à peine quitté la loge, d'y retourner au plus tard le lendemain ; et ensuite par un invité inattendu, qui avait effectivement disparu depuis longtemps. C'était Lorenz Abenberger , le fils de l'apothicaire, autrefois compagnon de Herdegen dans sa jeunesse, et lui qui, après avoir séduit les autres pueri à creuser pour trouver un trésor, avait été expulsé de l'école. Depuis le temps où il nous avait également préparé des crèches et nous amusait maintes fois avec ses arts magiques, nous ne le connaissions que depuis la mort de ses parents, il avait cessé d'exercer le métier d'apothicaire et s'était livré à l'étude de l'Alchimie. Si les gens disaient vrai, il avait déjà découvert la pierre philosophale, ou était sur le point de le faire : mais malgré le fait que de nombreux savants, et parmi eux le Magister m'avaient assuré, qu'une telle chose n'était en aucun cas au-dessus de la compétence de l'homme, Lorenz Abenberger n'avait certainement pas atteint son but, car lorsqu'il apparut devant moi, son aspect était plutôt celui d'un mendiant que celui d'un sage puissant, sur l'ordre duquel le plomb et le cuivre sont transformés en or.

Il avait entendu parler de la grosse somme nécessaire pour la rançon d'Herdegen , et il vint maintenant m'assurer de la chaleureuse amitié qu'il avait toujours entretenue pour son ancien camarade d'école et qu'il avait en son pouvoir de trouver les moyens de le libérer de esclavage. Puis, remarquant que je regardais avec pitié ses vêtements usés, maigres et nullement propres, d'où sortait une odeur aigre de drogue, il éclata d'un rire grossier et dit que, bien sûr, il semblerait il est étrange qu'un personnage aussi misérable ait l'audace de promettre un si grand trésor ; cependant, il tint parole. Aussi sûr que la nuit suit le jour, il pourrait atteindre le but pour lequel il avait consommé tous les biens de son père et de sa mère, et même tout ce qu'il possédait au monde, s'il pouvait seulement une fois avoir trois livres d'or pur pour faire tout ce qu'il voulait. Si je cédais à ses supplications et si j'étais poussé à lui accorder ce dont il avait besoin, il était prêt à engager son corps et son âme à la mort et à la damnation, et à signer le lien avec le sang de son cœur, si à la fin du treizième jour il ne l'avait pas fait. a trouvé le Lion rouge, et grâce à son aide « Aurum potabile » et la panacée contre tous les maux du corps et de l'âme. Cela lui donnerait également le pouvoir de transformer chaque minéral, même le plus sans valeur, en or pur, aussi facilement que je pourrais tourner mon rouet ou dire un Paternoster.

Il déversait tout cela avec des yeux roulants et une respiration haletante, et il prononçait chaque mot avec un sérieux sacré, personne ne pouvait en douter ; et en effet, le désir fervent et ardent qui faisait appel à ma compassion et à ma charité de toutes les fibres de son être, aurait pu m'inciter à lui accorder ce dont il désirait, si j'avais possédé une telle richesse ; mais, en l'occurrence, j'ai été obligé de lui dire non ; et tandis qu'à ce moment Susan arrivait avec la nouvelle qu'un homme était venu des Pernhart , me ordonnant d'aller immédiatement chez Ann, je jetai sur moi mon manteau et lui fis comprendre où en étaient les choses pour moi, lui disant adieu avec tous. douceur mais avec un objectif précis.

Le sang montait à ses joues pâles ; il s'est approché de moi, a serré les dents et a dit avec colère que je devais et que je devrais le sauver, ainsi que mon propre frère avec lui, si seulement je comprenais clairement le sens et le but de sa supplication. Et il a commencé par un flot de paroles pour me dire à quel point il était proche de sa fin, avec un certain nombre de mots étranges et magiques tels que « le grand Magistère », « le Lion Rouge », « la Teinture Rouge », etc. , jusqu'à ce qu'il me semble que mon cerveau soit ébranlé par le charabia pécheur ; néanmoins, je crois encore aujourd'hui qu'en toute vérité il était sur le point d'atteindre son but ; et il aurait pu y parvenir enfin, si, peu de temps après, il n'était étouffé par la vapeur d'un alambic qui éclatait.

Mais d'où pourrais-je, ce jour-là, trouver les moyens de le secourir ?

À maintes reprises , je m'efforçai d'arrêter son zèle ardent, mais en vain, jusqu'à ce que je lui dise clairement que je n'avais pas à ma disposition trois livres de liards d'airain, encore moins trois livres d'or, et qu'il devait s'adresser ailleurs et ne plus garder. je tarde.

Et je lui tendis la main pour lui dire adieu ; cependant il l'a saisi avec les deux siens, et a tordu et secoué mon bras jusqu'à ce que cela me fasse mal ; et, fou de rage, il m'a exhorté par des paroles et des gestes menaçants de ne pas ruiner l'œuvre de sa vie, ni lui, ni ceux qui me sont chers, par ma basse avarice. Quand j'eus surmonté ma première peur , je m'arrachai au misérable petit homme et lui tournai le dos ; mais il sauta devant moi, étendit les bras pour barrer la porte et cria, écumant de fureur :

"Partez, loin, dans les profondeurs ! Partez avec nous tous ! Malheur à toi, méchant et aveugle imbécile que tu es ! Malheur à nous tous ! Enlève cette main ! En vérité, même si ma bouche était bâillonnée, tu devrais entendre ce que arrive sur toi et sur toute ta race ! J'aurais pu l'empêcher, et je l'aurais empêché ; mais maintenant cela va s'accomplir. Oh, ce n'est pas pour rien que nous étions jeunes ensemble ! J'ai lu ton horoscope et ce bagarreur arrogant ton frère est parti depuis longtemps, et quand je te l'interpréterai, si le sang ne se glace pas dans tes veines ... "

Alors le sang des Schoppers jaillit ; J'ai mis la main sur le fantôme fou, dont la force était à peine plus grande que la mienne, mais il a frappé et piétiné comme un démuni, criant : "Vos planètes se dressent au-dessus des maisons de la Mort, de la Captivité et du Désespoir. L'accomplissement de cela a commencé sur Saint Lazare. ' jour , et ce jour-là, il tombera en premier sur toi ; et ainsi le destin suivra son cours jusqu'à ce qu'il prenne fin la veille de la Saint-Jean, parce que vous n'aurez alors plus rien à perdre !

Ici, le délire d'Abenberger prit fin brusquement. Son cri avait soulevé la cousine Maud, et lorsqu'elle ouvrit la porte derrière lui et vit un homme se tenir sur mon chemin, elle le saisit par derrière, l'entoura de ses bras et l'entraîna hors de la chambre. Pendant ce temps, elle criait à haute voix : « Au feu ! et "Meurtre!" et encore "Feu!" et tous les hommes et toutes les filles accoururent en toute hâte et firent descendre l'escalier au faiseur d'or assez vite.

Cependant, j'étais vraiment peiné pour lui ; pourtant, alors que je le regardais par la fenêtre, j'ai vu qu'il s'était tenu dehors dans la rue et qu'il me brandissait le poing jusqu'à ce qu'un agent de police le voie et le renvoie chez lui.

Ensuite, je dois d'abord réconforter ma cousine Maud pour cette scène fâcheuse, et lui permettre de me frotter les poignets avec du vin et de l'alcool de baume, car ils picotaient comme du feu et étaient égratignés par les ongles du malheureux fantôme. Elle était hors d'elle de rage, et la mauvaise prédiction du maître des arts noirs et de l'observation des étoiles la remplissait d'une terreur sans bornes. Mais c'était donc mon rôle ; la plus jeune, pour lui donner du courage, malgré l'horrible malédiction qui me hantait également et résonnait à mes oreilles même lorsque je me frayais enfin un chemin à travers les rues sombres, suivi par le domestique, pour exécuter les ordres d'Ann. Mon cœur était plus lourd qu'il ne l'avait été depuis bien des jours ; car mes craintes se mêlaient de pitié pour cette malheureuse âme, si habile à tant de savoir. J'avais appris à ressentir d'autres malheurs et d'autres joies que les miennes, et je pouvais très bien imaginer le désespoir qui, à cette heure, devait déchirer l'âme de ce pauvre garçon. J'étais heureux de penser que le domestique pourrait croire que je mettais mon foulard sur mes yeux uniquement pour essuyer la neige tourbillonnante. En même temps, je pensais qu'une tristesse nouvelle et terrible pesait certainement sur nous, et jamais aussi clairement qu'à l'époque, après la violente attaque d'Abenberger , je n'avais compris à quel point j'étais seul et sans protection dans le monde.

Et pourquoi Ann n'était-elle pas venue vers moi ? Pour quelle raison ou pour quelle affaire m'avait-elle fait venir si tard ?

Puis, quand j'ai levé les yeux vers la maison des Pernhart ; J'ai vu que les fenêtres du premier étage, qui avaient été préparées il y a quelques jours comme chambre d'amis pour monseigneur Cardinal, étaient éclairées, il a donc dû rentrer chez lui et y loger à nouveau.

Mais Ann savait très bien à quel point j'honorais sincèrement le révérend et illustre oncle, et bien sûr, s'il lui avait apporté de bonnes nouvelles , elle m'en aurait immédiatement fait part ou serait venue me voir elle-même.

Qu'en était-il alors à présent ? Sous quelle forme s'était produit sur nous le malheur qu'Abenberger avait lu dans les étoiles ?

J'ai soulevé le heurtoir le cœur faible et j'avais du mal à respirer quand je devais frapper trois fois ou que la porte était ouverte.

Avec quelle rapidité mon Ann avait l'habitude de voler vers moi lorsqu'elle entendait mon coup ! Avait-elle donc peur de me porter le message de malheur que milord Cardinal avait peut-être reçu du Caire par l'intermédiaire de ses aumôniers ? Nous avions la rançon prête pour en être sûr ; Pourtant, Ursula serait presque obligée, après son acte perfide, de poursuivre Herdegen jusqu'à la mort ; que pourrait-elle chercher s'il revenait un jour à la maison ? Quoi qu'il en soit, et si c'était le pire, je devrais partir, et cela immédiatement, même si je ne trouvais d'autre camaraderie que la cousine Maud et Eppelein . Et c'est dans ce but que j'étais venu, quand enfin la porte s'ouvrit.

Sous les escaliers , rien ne bougeait. Je jetai en hâte mon manteau mouillé à Mario, le sourd-muet, qui m'avait laissé entrer, et je montai les escaliers en courant . A peine avais-je atteint le deuxième étage qu'Ann me rencontra, en bonne santé et de bonne humeur ; et quand je commençai, dans la chambre extérieure, à la supplier de ne pas être moins ferme que moi dans mon départ pour l'Orient, elle acquiesça et me montra le chemin de la chambre intérieure, où nous pourrions être plus à l'aise. Je fus étonné de la voir de si bon cœur, et encore plus lorsqu'elle me dit que milord Cardinal était rentré ce matin-là.

Il y avait au-dessus des escaliers, me dit-elle à la hâte, un noble chevalier italien, qui avait désiré voir nos photos ; nous entrâmes donc dans la chambre des invités, qui était toute éclairée comme lorsqu'on nous convie. Bien plus, il avait un aspect tellement festif que cela m'a presque ébloui, et j'ai tout de suite compris que mon portrait, qui il y a quelques jours seulement avait été accroché au mur à côté de celui d'Ann pour monseigneur Cardinal, était maintenant placé sur deux chaises et appuyées contre les dossiers hauts.

Tout cela et bien plus encore, je m'aperçus en quelques regards précipités, et quand je demandai où pouvait être cet étranger d'Italie, on me répondit qu'il était allé avec maître Pernhart dans la chambre qui avait été aménagée pour Son Éminence avec les magnifiques étoffes de Rome. et Florence qu'il avait apportée en cadeau à sa vieille mère. Les plus belles d'entre elles étaient certaines tentures de tissus fins et de plusieurs couleurs, qui pendaient au-dessus de la large ouverture entre la grande chambre des invités et celle qui lui était voisine. Et l'Italien a dû les voir également, dans la mesure où ils pendaient vers le bas, alors qu'ils étaient habituellement attirés sur les côtés. Derrière eux, tout était sombre ; ainsi le Maître et sa femme, avec leur étrange invité, durent se retirer dans la chambre à l'arrière de la maison, où le Cardinal avait aimé travailler, et où l'on pouvait voir diverses œuvres d'art et des manuscrits grecs choisis qui il l'avait amené avec lui pour le montrer aux savants médecins de sa ville natale ; comme étant rare et précieux.

Il n'y avait là que la vieille grand-mère, et son visage rayonnait de joie tandis qu'elle me tendait les mains depuis son fauteuil, en un salut joyeux et chaleureux. Elle était vêtue de sa tenue la plus courageuse, et son aspect était également quelque peu solennel et festif.

Même si j'avais vraiment envie à tout moment de me réjouir avec ceux qui se réjouissaient, toute cette bravoure, à ce moment-là, allait cruellement à l'encontre de mon cœur troublé et de ses pressentiments de malheur. Je ne me sentais pas à l'aise, et il me semblait que toute cette magnificence et cette bonne humeur se moquaient de mon esprit malheureux et opprimé.

En vérité, je pouvais à peine me résoudre à répondre au salut de la vieille dame avec la joie qui lui était due ; et ses yeux perçants discernèrent immédiatement comment les choses se passaient pour moi. Elle me tenait la main et me demandait d'une voix chaleureuse d'où venaient les nuages qui obscurcissaient mon front. Quand sa brillante et pleine d'entrain Margery, qu'elle n'avait jamais vue être d'humeur sombre, ressemblait à ceci, c'était sûr qu'un grand mal était arrivé.

Sur quoi, je ne sais pas ce qui m'a pris. Est-ce que l'obscurité et la terreur dans mon sein contrastaient trop avec la joie et la splendeur qui m'entouraient, ou ce qui serrait si étroitement mon cœur, je ne peux pas le dire à ce jour ; mais je sais bien que tout ce qui m'avait opprimé depuis qu'Abenberger m'avait dénoncé se précipitait pour ainsi dire sur mon âme, et que j'éclatais en larmes et m'écriais : « Oui, ma chère grand-mère, j'ai traversé une heure affreuse, terrible ! J'ai dû résister à l'attaque d'un fou et entendre une horrible malédiction sortir de ses lèvres. Mais ce n'est pas cela seul, non, en vérité et en effet ! Je puis d'ailleurs faire connaître à n'importe quel homme sa place, s'il deux fois plus homme qu'est le petit Abenberger ; et quant aux malédictions, j'ai appris dès mon enfance à me souvenir de la parole de mon cher père : « Maudis-moi si tu veux ! Qu'importe si je peux gagner la bénédiction de Dieu ! »

"Et vous l'avez mérité, honnêtement," dit- elle en m'attirant vers mon front pour l'embrasser. Là-dessus, je cessai de pleurer et demandai à mon cœur de reprendre courage, et je repris, toujours très ému : « Ce n'est qu'un métier éhonté de femme qui me trouble si cruellement. La haine d'Ursule plane sur mes frères comme un nuage d'orage noir ; En chemin, il me semble que j'ai vu clairement que la rançon n'est pas la fin de l'affaire. Bien plus, si nous en avions deux fois plus, Herdegen ne reviendrait jamais vivant si nous ne parvenions pas à contrecarrer les intrigues d'Ursula ; n'a-t-elle pas lieu de craindre le Pire encore, s'il rentre chez lui sain et sauf ? Mais où est l'envoyé qui oserait tant ? Kunz gît blessé dans un pays étranger, le jeune Kubbeling serait sans doute prêt à traverser les mers, malgré sa fièvre, mais la bonne volonté ne le ferait pas. sers-le, tant il est peu compétent dans de telles matières. Nos autres amis sont trop vieux ou obligés de rester à Nuremberg. Ainsi en sont les choses. Que nous reste-t-il donc, à Ann et à moi, grand-mère ? Je vous demande : que nous reste-t-il ? , sauf d'agir selon notre première et unique intention sage ? Et ce qu'il nous appartient de faire, et que nous ne pouvons pas retarder d'un jour de plus que nécessaire, c'est de prendre le bateau, sous la grâce de la Sainte Vierge, et nous-mêmes. pour apporter un nouveau courage à ceux qui nous sont les plus proches et les plus chers. En vérité, je ne suis qu'une servante orpheline ; mon amant et mon tuteur sont tous deux morts ; et pourtant je ne crains pas de partir pour une terre au-delà des mers ; l'amour véritable et fidèle est l'étoile directrice qui nous guidera, et nous avons vu en Ann à quel point la parole de l'Apôtre selon laquelle l'amour triomphe de toutes choses est vraie. Toute créature qui se tient droite sur une paire de jambes fortes, qui est saine d'âme et de corps, qui regarde vers le ciel et se confie en la grâce de Dieu avec une joyeuse assurance, même s'il ne s'agit que d'une jeune fille faible, peut sauver son prochain. créature dans le besoin; et moi, Dieu merci, je suis sain et entier. Non, et je promets même de déchirer la toile la plus subtile qu'Ursula puisse tisser, surtout si j'ai l'esprit vif d'Ann pour m'aider. Je sortirai donc , à travers le gel et la neige, pour retrouver mes frères ; et si ses douleurs retiennent Kubbeling à la maison malgré ses peaux de chat, et si maître Ulsenius interdit à Eppelein de monter aussi loin, nous trouverons quand même un autre pour être notre fidèle écuyer.

Et sur ce, j'ai pris une profonde inspiration ; et quand je me retournai pour chercher Ann, d'un cœur plus léger, afin qu'elle signifie son consentement, tout à coup il me sembla que le sol de la chambre se soulevait sous mes pieds, et j'étais sur le point de tomber, à cause de cela. les belles tentures qui cachaient à mes yeux la chambre du cardinal furent écartées, et un homme de grande taille, bronzé par le soleil, sortit et dit d'une voix grave : « Veux-tu faire confiance à ces mains, Margery ? pour te servir fidèlement.

Alors un cri de joie m'échappa : « Gotz », et encore « Gotz !

Et bien qu'il me semblât que les murs, les tables et les chaises tournoyaient autour de moi, et que le plafond, et même le ciel bleu au-dessus, s'était ouvert au-dessus de moi, je ne tombai pas, mais me hâtai d'aller à la rencontre de ce nouveau venu. et saisit sa main aimable et forte.

Mais ce n'était pas tout ; ou bien je savais à juste titre comment cela s'était passé, il m'avait serré dans ses bras, et je m'appuyais sur sa poitrine, et ses lèvres chaudes et barbus se posaient pour la première fois sur les miennes.

Maître Pernhart et sa femme étaient sortis de la chambre la plus éloignée avec ma cousine, Ann, la grand-mère et les enfants aînés qui nous regardaient ; pourtant ni lui ni moi n'y prêtâmes attention et, tandis que chacun se regardait dans les yeux, je vis que son visage était le même qu'autrefois, quoique d'un brun plus foncé, plus favorisé et plus viril ; alors mon cœur chantait de joyeux triomphe, et je n'opposais aucune résistance lorsqu'il me serrait plus près de lui et me murmurait à l'oreille : « Mais Margery, comment un cousin, qui n'est pas un vieil homme, peut-il aller comme écuyer dans une foire ? jeune fille, et ainsi de suite tout au long de sa vie, sans exciter les autres à une grande et juste colère ? »

A cela, le sang me monta au visage ; et même si je ne doutais nullement de ma réponse, il ménagea ma pudeur et poursuivit avec une profonde émotion : « Mais s'il l'avait fait en tant que votre mari, quelle tante ou quel commère oserait alors le blâmer, lui et son honorée épouse, Dame Margery. Waldstromer ?"

J'ai alors souri joyeusement à mon nouvel amant et lui ai répondu à voix basse : "Pas un, Gotz , pas un."

C'est ainsi que je lui ai prêté ma promesse le soir même ; et quant aux bijoux coûteux qu'il avait achetés sur le Rialto à Venise pour les apporter à son cher Chaperon Rouge, et qu'il me donnait maintenant comme premier gage d'amour, qu'étaient-ils pour moi comparés à la joyeuse nouvelle avec laquelle il pourrait-il réjouir nos cœurs ? Nous nous sommes donc assis avec les Pernhart après que la cousine Maud et l'oncle Christian Pfinzing , mon cher parrain, aient été invités à nous rejoindre. Gotz était assis, son bras autour de moi, et ma main reposait dans la sienne.

Depuis combien de temps les terres et les mers s'étaient écoulées entre nous, combien sa cour et mon consentement avaient été rapides et soudains ! Et pourtant, il me semblait que je venais tout juste d'accomplir le dessein de la Providence pour moi depuis le début ; et il y avait du chant et de l'épanouissement dans ma poitrine et mon cœur, comme s'ils étaient un jardin enchanté où jaillissaient des fontaines, et où des roses et des tulipes, des pommes et des raisins d'or fleurissaient et mûrissaient parmi les pins et les couronnes de lierre.

Néanmoins , je n'ai perdu aucune parole de son discours et j'aurais pu l'écouter jusqu'à ce que le matin se lève à nouveau. Et tandis que nous étions ainsi assis ou arpentions la pièce bras dessus bras dessous, j'entendais beaucoup de choses, mais pas assez du sort aventureux de Gotz , ni de la tournure heureuse que les préoccupations de mes frères avaient prise grâce à son aide. Et ce que nous apprenions maintenant de son rapport clair et clair, répondant à nos nombreuses questions, c'est qu'après s'être séparé de sa maison, il avait pris le service comme soldat de la République de Venise et avait accompli de grandes actions sous le nom de Silvestri, ce qui c'est-à-dire « des Bois ». De toutes les belles choses qu'il avait faites avant Salonique et ailleurs, en combattant contre le sultan Mourad et les Osmanli, oui, et dans de nombreux combats contre d'autres infidèles, gagnant ainsi la faveur de son général, le grand Pietro Loredano , il raconterait tout cela. nous longuement un autre jour. Il n'y avait pas longtemps qu'il avait été placé comme chef, à la tête des forces armées à bord de la flotte envoyée par la République à Alexandrie pour traiter avec le sultan au sujet du roi de Chypre, retenu prisonnier. Avec lui également, sur la plus grande des galères, se trouvaient divers grands gentilshommes des familles les plus célèbres de Venise, et le chef de tous, Marino Cavallo, procureur de Saint-Marc ; dans la mesure où le Conseil voulait racheter le roi de Chypre avec de l'or de Venise, et à cette fin avait envoyé Angelo Michieli avec l'ambassade, celui-ci étant l'aîné d'une des maisons de marchands les plus puissantes et les plus riches de l'Orient.

Götz , en tant que héros de guerre, entretenait avec tous ces gens de bonnes relations amicales et, lorsqu'ils débarquèrent à Alexandrie, le consul Anselmo Giustiniani leur avait donné à tous de beaux logements à Fondaco .

Ici donc, mon nouvel amant avait rencontré Ursula ; mais il ne se fit pas connaître à elle, parce qu'il avait déjà entendu de mauvais bruits sur les agissements de son mari en tant que consul, ainsi que sur ses actes et sa conduite. Pourtant, il y avait un homme demeurant à Fondaco à qui il avoua son vrai nom : c'était Hartmann Knorr, fils de Nuremberg et de bonne famille, qui, après avoir obtenu son doctorat à Padoue, avait accepté le poste de sangsue au Consul, fourni et payé par la République. Dans cette chambre de son compatriote, les deux hommes, qui avaient été camarades de classe, eurent de nombreuses conversations privées, et dans la mesure où Maître Knorr savait depuis longtemps que Gotz était le plus proche parent des Schoppers , il lui fit immédiatement savoir qu'il avait été invité à la maison des parents d'Akusch pour soigner et guérir Kunz, et avait appris de lui de nombreuses nouvelles étranges ; accusant Ursula de la culpabilité d'avoir caché et gardé les lettres écrites par Herdegen et Sir Franz à leurs parents à la maison, d'avoir attaqué les valets de son mari pour l'assassiner, et enfin d'avoir malicieusement augmenté la somme de son la rançon de mon frère. Sur ce, le digne sangsue se proposa de naviguer vers Venise sur le prochain galion de retour, pour faire tout ce qu'il pouvait pour ses compatriotes dans une situation difficile ; cependant, Gotz pourrait peut-être maintenant parvenir à leur libération du chagrin et de l'esclavage d'une autre manière. Et tandis que Maître Knorr pouvait lui donner des nouvelles d'autres actes criminels commis par Giustiniani , mon nouvel amant avait aussitôt écrit une requête d'accusation au Conseil de Venise, et aussitôt Marino Cavallo, en ses droits de procureur de Saint-Marc, avait ordonné au Consul et sa femme de partir pour Venise et de se présenter devant le Collège des Pregadi , qui a la direction des consuls d'outre-mer.

De même Gotz avait pris en main la cause d' Herdegen et de Sir Franz et, dans la mesure où il était tenu en grand respect, Maître Angelo Michieli n'était pas disposé à faire ce qu'il pouvait pour eux, prenant Gotz et Kunz pour caution. L'ambassade de Venise se rendit au Caire, et tandis que maître Michieli , qui était habile en ces matières, réduisit la rançon demandée pour le roi Janus à la somme de deux cent mille ducats et la paya pour le captif royal, il déplaça également le Les sultans se contentèrent de quinze mille ducats chacun pour Herdegen et Sir Franz, et mon frère et son compagnon d'infortune furent libérés.

Tout au long de ce récit, mon cœur a battu plus fort ; J'espérais secrètement que, par hasard, mes frères étaient rentrés à la maison avec Gotz et se cachaient, seulement pour une raison qui leur était propre. Cependant, j'appris bientôt qu'ils étaient partis le visage tourné vers Jérusalem ; afin qu'ils puissent, à leur retour, dire à l' empereur avec la plus grande assurance qu'ils avaient pris sur eux la pénitence d'aller enfin aux lieux saints où ils avaient été invités à se rendre.

Lorsque Götz eut terminé ces grandes et réconfortantes nouvelles, et que je lui demandai ce qui l'avait finalement ramené chez lui, il avoua librement que le discours de mes frères lui avait si clairement rappelé la maison de son père, ses parents et tout ce qui s'y passait. ma chère et qu'il était parti, qu'il ne pouvait plus supporter de rester au-delà des mers. Puis il me regarda dans les yeux et murmura : « Les images de ma mère malade et de mon père aux cheveux gris m'ont le plus fortement attiré ; pourtant c'était un troisième ; un visage cher, doux et enfantin ; le même qui regarde maintenant le mien si bien. avec joie et avec amour. Oui, c'est le visage même que j'avais espéré trouver ; et quand, entre-temps, j'ai vu votre image sous le capuchon rouge et entendu votre discours alors que vous déversiez votre âme la plus intime à grand-mère Pernhart , j'ai compris mon propre esprit."

À quel point le nouveau venu était, en vérité, cher à tous les membres de la maison Pernhart , je pourrais le souligner ce soir-là. Les yeux de la vieille grand-mère se posaient sur lui comme s'il était un fils bien-aimé, et maître Pernhart s'approchait de lui de temps en temps et lui caressait le bras. Deux fois seulement, il se détourna précipitamment et s'essuya les yeux en secret. Pourtant il voyait nos amours sans jalousie ; bien plus, alors que Gotz pouvait à peine s'arracher à mon tableau, maître Pernhart lui murmura que si jamais une servante devait prendre la place de Gertrude, ce serait Margery, et la grand-mère avait crié Amen.

Il était déjà minuit quand les sabots des chevaux se firent entendre dans la rue, et quand ils s'arrêtèrent, Götz se leva, et bientôt tous les autres disparurent de la chambre. Pourtant nous ne nous laissâmes pas longtemps profiter de la camaraderie l'un de l'autre, dans la mesure où il avait lui-même commandé son cheval, afin qu'il puisse partir malgré l'heure tardive vers la forêt. Son serviteur , lui-même fils d'un forestier, était déjà là pour prier Grubner , le chef, d'inviter mon oncle chez lui de bonne heure le lendemain, et le bon fils avait l'intention de se réjouir en rencontrant son père, après quoi il avait accueilli la maison sans être vu dans l'obscurité.

Mais comme il était difficile de se séparer après une si brève rencontre de cet amant nouvellement trouvé et le plus aimé, et de voir le voyageur fatigué repartir dans la nuit obscure. Et comme nous avions encore peu parlé en secret, comme nous avions peu discuté de ce qui pourrait arriver le lendemain et de la manière dont il devait se comporter envers sa mère !

À mon humble supplication pour qu'il mette de côté le serment contre nature et coupable qui lui interdisait d'entrer dans la maison de ses parents, il avait fait la sourde oreille. Mais avec quelle tendresse il m'avait fait comprendre son refus sévère, que je méritais justement, puisque je connaissais très bien le sens d'un serment ; et pourtant je le suppliai de tout mon cœur de renvoyer son cheval, et de ne pas me dire adieu alors que la bienvenue avait à peine été prononcée. Le lendemain, ce serait une joie pour moi de partir à cheval avec lui, et mon oncle ne pourrait jamais s'irriter avec quelques heures de retard.

Tout cela coulait de mes lèvres assez doucement et chaleureusement, et il m'écouta calmement jusqu'au bout ; mais ensuite il m'a déclaré solennellement que, aussi doux qu'il puisse trouver cela de m'avoir à ses côtés pour lui tenir compagnie, cela pourrait ne pas être le cas ; et il expliqua clairement et complètement comment il avait ordonné l'affaire hier, et je le regardai comme un général qui prévoit et gouverne tout ce qui peut arriver, dans le but le plus sage. Un objectif si ferme et si clair que je n'avais jamais atteint ; cependant, le rôle de Mère Eve en moi était mécontent. C'était trop pour moi de souffrir qu'il parte, et, comme l'imbécile que j'étais, le désir m'a pris de plier à ma volonté cet homme entre tous les hommes, dont la volonté au cou raide était toujours aussi ferme que le fer.

J'ai recommencé à le supplier, et cette fois il est entré par effraction, déclarant que, quoi que je veuille, il devait partir, et avec cela il a tiré le capuchon de son manteau sur sa tête de sorte que son visage brun et honnête, bien favorisé, avec sa barbe pointue, encadrée pour ainsi dire dans le drap vert, me regardait de haut, image même de la beauté virile et de la douce gravité.

Mon cœur battait plus fort que jamais de joie et de fierté d'appeler le cœur d'un tel homme le mien, et ainsi mon désir est devenu plus fort d'exercer mon pouvoir. Et je savais très bien comment prendre le dessus sur mes amants. Mon Hans ne m'avait jamais dit non lorsque je l'avais supplié avec certaines ruses. Et alors que je n'avais nullement oublié mes tours, je pris Gotz par le bas de sa capuche et ramenais sa chère tête vers mon visage. Puis je frottai mon nez contre le sien comme le font les lièvres qui se reniflent, levai mes lèvres pour un baiser, me mis sur la pointe des pieds, lui tendis mes lèvres de loin et lui murmurai doucement et suppliant :

"Et, malgré tout, maintenant tu dois être le trésor de mon bon et cher cœur, et tu exécuteras les ordres de Margery lorsqu'elle te supplie si tendrement et te donnera un doux baiser pour tes douleurs."

Mais j'avais vainement calculé. La récompense pour laquelle mon Hans me servait modestement, ce hardi guerrier ne se souciait pas de la gagner. Ses lèvres barbus, certes, étaient assez prêtes à rencontrer les miennes, et il ne se contentait pas non plus d'un seul baiser ; mais, dès qu'il eut joui de la dernière, il prit mes deux mains dans les siennes et dit solennellement mais doucement :

"Tu ne m'aimes pas, Margery ?" Et quand j'eus précipitamment déclaré que oui, il reprit sur le même ton, et tenant toujours mes liens : « Alors sachez, une fois pour toutes, que je ne pourrais rien vous refuser , ni dans les grandes ni dans les petites, à moins que ce ne soit Mais, quand je lui ai dit une fois (et il parla à haute voix), rien ne peut m'émouvoir le moins du monde. Vous me connaissez depuis mon enfance et, de votre plein gré, vous vous êtes livré à ce cerveau de fer. " Maintenant, embrasse-moi encore une fois et ne m'en veux pas ! A demain. Dans la forêt, s'il te plaît, nous nous appartiendrons pendant de longues journées ! "

Sur ce, il me serra fermement et véritablement dans ses bras, et je lui rendis volontiers et chaleureusement son baiser, et ou jamais je trouvais un mot pour répondre qu'il avait quitté la chambre. Je me suis précipité vers la fenêtre, et tandis qu'il agitait la main et s'éloignait dans la rue face à la tempête de neige, j'ai pressé ma main contre ma poitrine, et rarement un être humain a été aussi débordé de pure joie d'être battu deux fois dans la mêlée. , même si je l'avais moi-même imposé.

Comment je suis rentré chez moi, je ne le sais pas ; mais je sais que je m'étais rarement agenouillé pour prier avec une action de grâce aussi fervente, et il me semblait que ma mère céleste et mon Hans mort devaient également se réjouir de ce qui m'était arrivé.

Pendant que j'étais au lit, ou que je dormais, tout ce qu'il y avait de plus beau dans ma vie passée me revenait aussi clairement que si c'était une vérité vivante, et d'abord et avant tout je me voyais comme le petit Chaperon Rouge, sous la forêt. -des arbres avec Gotz , qui m'a rendu mille services et m'a préféré à tous les autres jusqu'à ce que, pour l'amour de Gertrude, il parte au-delà des mers et bouleverse mon âme d'enfant.

Puis vinrent la joie et la douleur que j'avais éprouvées à cause des amours de Herdegen et d'Ann, puis mon Hans croisa mon chemin, et comme j'étais heureux de me souvenir de lui et du bonheur qu'il m'avait apporté ! Mais chaque fois que j'arrivais à l'heure la plus amère de ma jeunesse, le sommeil m'envahissait, et la forme virile de Gotz , endurci par beaucoup de périls et de luttes pour sa vie, me revenait dans mes rêves ; et il ne m'a pas tendu la main, comme Hans l'aurait fait ; Oh non! Il m'a saisi dans ses bras et m'a porté, comme saint Christophe porte le Saint Enfant, et il s'est avancé d'un pas ferme à travers les plaines et les abîmes, partout où il voulait ; et je le laissai partir comme il voulait, et je ne lui opposai aucune résistance, et je n'éprouvais pratiquement aucune crainte, même s'il me semblait que la forte poigne de son bras de fer me faisait mal. Et ainsi nous allions encore et encore, à travers d'anciennes forêts de montagne, tandis que les branches me fouettaient le visage et que je pouvais contempler les nids des aigles et des palombes, des étourneaux et des écureuils. C'était une promenade merveilleuse ; de temps en temps, j'avais le souffle coupé, et pourtant nous avancions jusqu'à ce que, sur la branche la plus haute d'un chêne, voici, il y avait Lorenz Abenberger , et les mauvaises paroles qu'il prononçait me réveillaient.

Après cela, je ne pus plus dormir et je suivis en pensée Gotz à travers la tempête de neige. Et en esprit, je vis Waldtrud , la belle fille de Grubner , le chef forestier, lui souhaitant la bienvenue, lui donnant du vin chaud et épicé après sa promenade froide et sirotant la coupe avec ses lèvres roses. Là-dessus, un serrement de cœur me transperça le cœur, et je pensai en effet à quel point la fille du forestier était une servante appréciée, et qui n'avait pas plus d'un an de plus que moi, et qui, de plein droit, était considérée comme la plus belle de toute la forêt. Et la jalousie diabolique, qui autrefois avait eu si peu d'emprise sur moi que je pouvais supporter de voir mon Hans faire la cour la plus amicale aux jeunes filles les plus belles, me murmurait maintenant à l'oreille de fous soupçons que Gotz , avec ses manières de guerrier audacieux, pourrait ce serait assez pour réclamer quelques légers gages d'amour à la belle et joyeuse Waldtrud .

Cependant, je me suis immédiatement rappelé les yeux honnêtes de la bien-aimée de mon nouveau cœur, et cela m'a apporté la paix ; et comme j'étais frappé d'horreur à la pensée que j'avais connu la piqûre de ce serpent que les hommes appellent jalousie. Doit-il jamais s'infiltrer là où le véritable amour a trouvé son nid ? Et s'il en était effectivement ainsi – et une chaleur brûlante m'envahit – alors l'amour qui m'avait lié à Hans Haller n'était qu'une mauvaise chose et non la véritable véritable passion.

Non non! Même si elle avait revêtu un autre aspect que cette flamme toute nouvelle , que je sentais maintenant brûler et s'enflammer du feu allumé tôt et qui couvait depuis longtemps , elle avait néanmoins été des meilleures, fidèles et vraies. Même si, en tant que fiancée de Hans Haller, j'avais été épargnée des affres de la jalousie, je ne le devais que grâce à la grande et inébranlable confiance que j'avais volontiers placée en lui. Et Gotz , qui avait enduré tant d'angoisses et de labeurs pour être fidèle à son autre bien-aimée, n'était pas moins digne de ma foi, et ce devait être ma tâche de lutter contre le mauvais esprit avec toute la force qui était en moi.

Puis je me suis endormi à nouveau ; et quand, alors que le jour se levait, je me réveillais une fois de plus et me rappelais tout ce qui m'était arrivé hier, je dus me serrer les épaules et les tempes, sinon j'étais sûr qu'en effet mes yeux seraient ouverts un autre jour. Et quelle journée ! Mon cœur déborda en voyant, regardez de quel côté je pouvais, aucun péril, aucun, rien, en vérité rien qui ne soit bien ordonné et mené à bonne fin, rien qui ne soit une certitude, et une certitude si bénie !

Je me levai frais et reconnaissant comme l'alouette, ma cousine Maud se tenait debout, pas encore habillée et avec des mèches de papier dans les cheveux, devant les photos de mes parents, éclairant leurs visages de sa petite lampe ; et il était clair qu'elle leur disait, quoique sans paroles, que le travail et les soins de sa vie avaient abouti à une heureuse issue, et j'étais irrésistiblement poussé à voler vers son cœur courageux et fidèle ; et bien que, pendant que nous nous enlaçions, nous ne trouvions pas de mots, nous savions chacun très bien ce que l'autre voulait dire.

Après cela, nous nous préparâmes en toute hâte à partir, et le Magister descendit vers nous dans la salle, puisque mon cousin l'avait appelé. Il apparut dans la gabardine bariolée du matin qui lui donnait un aspect si étrange, et à mon salut : « Que Dieu soit avec vous ! » il répondit gaiement qu'il estimait que c'était une peine inutile de s'enquérir de ma santé.

Puis, quand on lui eut tout dit, il ne put d' abord se retenir et les bons vœux coulaient de ses lèvres comme le miel d'un rayon de miel ; et c'était en effet un spectacle vraiment joyeux puisque, dans la joie de son cœur, il joignait ses bras sur sa poitrine, comme le fait un bûcheron , pour se réchauffer les mains en hiver. Soudain, cependant, il parut très solennel, et lorsque la cousine Maud, se souvenant d'Ann, lui parla gentiment, lui disant que les choses étaient ainsi dans ce monde, que celui qui se tenait au soleil devait nécessairement jeter une ombre sur les autres. , le Magister inclina tristement la tête et s'écria : « C'est une sage parole, digne Maîtresse Maud ; et celui qui jette l'ombre le fait ordinairement contre son gré, 'sine ira et studio'. Et de cette parole nous pouvons apprendre : laissez-moi le syllogisme : puisque tout ce qui cause le malheur à l'un apporte la joie à l'autre, et vice-versa, il doit toujours y avoir des visages tristes tant que les visages heureux ne manquent pas. Quant à mon pauvre visage, je peux numérotez-le en cffct avec ceux dans l'ombre - malgré "- ici son flux de mots s'est arrêté d'un coup. Cependant, si jamais nous parvenions à le retenir, continua-t-il d'une voix forte et presque triomphante. « Néanmoins, je ne suis pas du tout triste – non, pas du tout. J'ai trouvé l'indice, et qui pourrait ne pas le voir : votre ombre ne peut tomber si noire sur moi que parce que vous vous tenez en plein soleil ! Quant à moi, il n'est pas difficile pour moi de supporter l'obscurité de la nuit ; et puissiez-vous, Maîtresse Margery, demeurer pour toujours et à jamais dans la gloire de la lumière, désormais jusqu'à la fin de votre vie.

Tout en parlant, il leva les yeux et les mains vers le ciel comme pour prier, et sans nous dire « Vale » ou « Valete », comme c'était son habitude, il rassembla sa robe voyante et s'enfuit à nouveau à l'étage.

La tempête était encore aussi violente qu'hier ; cependant, bien que Bayard s'enfonça si profondément dans la neige que je la balayai avec le bord de ma jupe, le trajet jusqu'à la cabane forestière me parut aussi court que si j'avais volé. La cousine Maud montait lentement dans le traîneau, alors je la laissai avancer et je la devançai bientôt.

Gotz et moi avions convenu hier que je verrais d'abord tante Jacoba , puis que je le rencontrerais à la loge de Grubner pour lui faire part de l'état d'esprit qu'elle pourrait avoir. Ann n'avait d'autre choix que de rester à la maison, dans la mesure où elle devait assister au retour du cardinal.

Personne dans toute la chère vieille maison forestière n'était au courant de mon arrivée, à l'exception du gardien du portail. Mon oncle était parti de bonne heure et n'était pas encore revenu, mais j'ai trouvé ma tante en bas des escaliers, étrange à dire, contre son habitude, habillée et en conversation avec l'aumônier. Peut-être que son mari lui avait déjà fait savoir ce qui l'avait amené à la maison de Grubner , et s'il en était ainsi , il m'avait enlevé une lourde tâche, car en effet toute mon âme aspirait à cette tante bien-aimée, mais il me semblait que ce n'était pas une mince affaire. Il s'agissait de la préparer, si faible et pourtant si volontaire, à la joie et aux luttes d'âme qui l'attendaient. Le plateau était pour eux pour ainsi dire étendu, et pourtant elle et Gotz , par leur funeste serment, s'étaient interdits de goûter à ce pain et à cette coupe.

Je franchis le seuil en tremblant, et dès qu'elle m'aperçut, elle s'écria, avec des joues brûlantes, qui ne brillaient pas tant, bien sûr, à cause du feu de la cheminée : « Margery, Margery ! Et si heureuse qu'elle ait l'air ! Avez-vous vu votre oncle, mon enfant, et pouvez-vous me dire pourquoi il est parti ? »

Je lui ai dit sincèrement que non ; puis dis-lui de se réjouir avec moi, car tout le prix de la rançon d'Herdegen avait été payé et, surtout, que nous avions de bonnes nouvelles du bien-être de nos frères.

Alors elle voulut savoir quand et par qui, et s'enquit comme si elle avait de sérieux soupçons ; et je lui répondis aussi calmement que possible qu'un pèlerin de l'Orient était venu chez nous hier, un très loyal et digne gentleman, que j'espérais en effet lui faire connaître.

Mais je ne pourrais pas en dire davantage, car ses yeux s'éclairèrent tout à coup et elle intervint avec véhémence :

" Aumônier, aumônier ! Maintenant qu'en dites-vous ? Quand le vieil homme est parti si tôt ce matin et m'a fait ses adieux d'une manière si étrange, alors — écoutez-moi, Margery — il m'a également parlé d'un messager de l'Est. qui est arrivé hier à cheval dans la ville, comme vous le dites. Mais ce n'est pas de Herdegen qu'il a apporté des nouvelles, mais de lui, de lui, de Götz qu'il avait une connaissance sûre. Et quand le vieil homme m'a dit tout cela, il y a certainement quelque chose derrière cela. — Et maintenant, Margery, quand je te vois, quand je réfléchis... » Ici, alors que je jetais un regard significatif à l'aumônier, tout à coup elle poussa un cri tel qu'il me transperça les os et la moelle ; et chaque fois que je la voyais, sa main faible et maigre avait saisi mon poignet, et elle criait d'une voix rauque :

" Alors toi, tu m'as un peu caché ! Le regard avec lequel tu as prévenu l'aumônier, oh ! je l'ai bien noté. — Et tu hésites... et maintenant... toi... Margery... Margery ! Par les blessures du Christ je te le demande, Margery. Quoi est -ce ?— Et Gotz ? Est-ce qu'il…. en a fini avec ça… en a fini avec la vérité…. A-t-il écrit ?— Non. — Tu secoues la tête…. Vierge Miséricordieuse ! Il—il— Gotz est en route pour la maison. ". Et elle plaqua ses mains sur son visage. Je tombai à genoux à côté d'elle, éloignai d'abord sa main gauche puis sa main droite de ses yeux, les couvris de baisers et lui murmurai : « Oui, oui, Tante, Mère, douce, chère petite mère ! Seulement attendez... Vous entendrez tout. Gotz est las d'errer ; il n'a pas oublié son père et sa mère, ni moi, son petit Chaperon Rouge... je le sais, j'en suis sûr. Patience ! seulement un peu de patience et il sera ici, en Allemagne, en Franconie, à Nuremberg, dans la forêt, dans la maison, dans cette salle, ici, ici où je suis agenouillé, à tes pieds, dans tes bras ! »

Alors la dame émue, qui m'avait écouté essoufflée, leva les mains en l'air comme si elle cherchait quelque chose, et ce fut comme si ses yeux se retournaient ; et je fus saisi d'une terreur soudaine, dans la mesure où je crus qu'elle avait bu la mort dans la coupe trop pleine de joie que ma main avait portée à ses lèvres. Cependant, ce n'était qu'un bref évanouissement qui l'avait frappée, et dès qu'elle était revenue à elle et que je lui avais dit toute la vérité, petit à petit et avec la prudence qui s'impose, même si Gotz et moi nous étions retrouvés et désirant à la fois avec ferveur et ardeur sa bénédiction maternelle, elle me la donna en abondance.

Maintenant, c'était mon rôle de lui faire savoir que son fils revenu tenait fermement à son serment ; et j'avais déjà commencé à lui dire cela lorsqu'elle agita les mains et intervint avec empressement : « Et crois-tu que j'aie jamais pensé que lui, qui est à la fois un Waldstromer et un Behaim , devrait un jour rompre un vœu ? c'est une vérité qu'il m'a laissé assez de temps pour y réfléchir ! — Mais aujourd'hui, aujourd'hui même, de bon matin, j'ai trouvé la bonne issue, même si c'est aussi comme un tour de femme qu'un œuf. est comme un autre. — Vous connaissez ce serment téméraire. Il m'oblige à ne plus jamais, jamais ramener Gotz chez lui ; mais pourtant, — et maintenant ses yeux commencèrent à briller de joie, — ce que mon serment ne m'interdit pas, c'est que je devrais allez à la rencontre de Gotz et trouvez-le où qu'il soit.

Là-dessus, l'aumônier frappa dans ses mains et s'écria :

"Et ainsi, une fois de plus, l'amour du cœur d'une femme a creusé une fosse pour
les ruses de Satan."

Et je courus leur demander d'atteler le traîneau, alors que je savais bien qu'aucun conseil ne servirait.

Et maintenant, comme jadis, lorsqu'elle se rendait en ville pour l'amour d'Ann, elle était enveloppée dans une montagne de vêtements chauds, aussi nous l'avons habillée aujourd'hui d'un tas de vêtements de ce genre, et le jeune Kubbeling ne tolérerait personne d'autre que lui. lui-même pour conduire les chevaux. Nous allâmes donc à pas lents jusqu'à la loge de Grubner , et pendant tout le trajet nous ne rencontrâmes personne sauf la cousine Maud, et elle me fit seulement un signe de tête, parce qu'elle ne pouvait pas deviner qu'une créature humaine vivante respirait sous les fourrures. et des couvertures à mes côtés. Le jeune Kubbeling sur la boîte, les corbeaux, les mésanges et les rouge-gorges dans les bois n'eurent pas beaucoup de mots de notre part. Alors que je pensais avec crainte et attente à l'issue de cette rencontre entre la mère et le fils, je disais à peine de temps en temps à ma tante qu'un mot aimable de bonne humeur, auquel Kubbeling j'ajouterais toujours à voix basse : « Tout ira bien ! ou "Que Dieu te bénisse, très noble dame!" Et chaque fois que nous parlions ainsi, j'avais conscience d'un petit mouvement autour de mes genoux, et je pressais alors mes lèvres contre la couverture la plus extérieure du paquet bien-aimé à mes côtés.

A environ deux cents pas de chez le forestier, mais le sentier s'éloignait de la grande route, afin que nous puissions être vus des fenêtres de celle-ci ; et à peine le traîneau avait-il tourné dans ce carrefour, que la porte de la loge s'ouvrit et que mon oncle et Gotz sortirent.

Le fils avait le bras posé sur l'épaule de son père et ils nous regardaient. Et en effet , c'était un spectacle noble et joyeux alors qu'ils se tenaient là, le vieil homme et le jeune, tous deux de constitution puissante et robuste, tous deux devenus forts dans le vent et les intempéries, et des hommes fidèles et dignes de confiance. Le jeune pin élancé avait en effet quelque peu dépassé le chêne noueux, mais la cime du vieil arbre était la plus large. Tel qu'était maintenant le jeune homme, le vieil homme devait être, et ce que serait un jour le fils se voyait — et je me réjouissais de le penser — dans la silhouette et le visage de son père. Cependant, en tant qu'époux, Gotz ne m'a pas promis de marcher sur les traces de son père, et quand j'ai pensé à cela et à la leçon que j'avais reçue hier, mes joues sont devenues plus rouges qu'elles ne l'étaient déjà dans l'air vif de décembre ou sous le soleil. regard de mon nouvel amant.

Cependant je n'eus pas le temps de trop réfléchir ; le traîneau était déjà à la porte, et je savais que le vieil homme me tenait dans ses bras, m'embrassait les lèvres et le front, et m'appelait sa chère et bien-aimée fille. Alors le plus jeune homme s'est avancé pour faire valoir ses prétentions, et quand il s'est penché sur moi , j'ai jeté mes bras autour de son cou, et il m'a soulevé, malgré cela je n'étais pas des plus légers dans mes fourrures d'hiver et mes épais vêtements, en dehors de le traîneau comme un enfant, et à nouveau ses lèvres étaient sur les miennes. Mais nous ne pourrions pas permettre qu'ils se rencontrent pour autre chose qu'un bref baiser. L'oncle Conrad avait découvert le visage de ma tante parmi tous ses emballages et exprimait haut et fort son horreur bien fondée, tandis que ma tante criait encore et encore vers son fils perdu depuis longtemps, avec tout l'amour d'un désir et d'une longue attente. volé le cœur de sa mère.

Je libérai volontiers mon amant, et la minute suivante, il était à genoux dans la neige et ses mains tremblantes retiraient enveloppe après enveloppe de la tête bien-aimée, Kubbeling l'aidant du siège du conducteur avec ses grandes mains pourpres par le froid. .

Et de nouveau, en quelques minutes, la mère couvrait la tête de son fils unique de tendres baisers, si violents et si longs que ses forces lui manquèrent et qu'elle retomba sur les oreillers, exagérée.

Alors Götz s'inclina devant elle, et comme il avait auparavant sorti sa bien-aimée du traîneau, il souleva maintenant sa mère ; et tandis qu'il la tenait ainsi dans ses bras et la portait dans la maison, sans faire attention aux foulards qui tombaient peu à peu et s'étendaient en une longue ligne couvrant le sol derrière elle, comme le font les charbons qu'on transporte dans un seau cassé, elle criait d'une voix tremblante : "Oh, méchant, seul garçon, toi mon chéri et mon briseur de cœur, toi noble, méchant et pervers ! Gotz mon fils, le mien et mon Tout !"

Et quand elle eut trouvé une place dans la pièce chaude, dans le fauteuil de la femme du chef forestier, près du feu, j'enlevai ses vêtements inutiles et Gotz se laissa tomber à ses pieds, et elle lui prit la tête dans ses mains et s'écria :

" Je n'ai pas attendu que tu viennes, mais j'ai pris l'avion pour te rencontrer, mon garçon, parce que, comme tu le sais, j'ai fait le serment coupable de ne jamais t'inviter à rentrer à la maison. Mais le serment et le vœu ne sont rien ; ils sont nuls. et vide ! J'ai appris du plus profond de mon cœur que le Ciel n'avait rien à voir avec eux, que c'était de l'orgueil et de la folie ; et je vous invite à rentrer chez vous de tout mon cœur et de toute mon âme, et vous demande pardon pour tout le chagrin que nous avons. Je vous aurai et je vous garderai désormais, et rien d'autre ici sur terre ! Ah, et Gertrude, pauvre fille ! Elle aurait été de tout cœur, tout à fait la bienvenue chez moi comme aujourd'hui, si ce n'était qu'il y avait là est une autre jeune fille qui est la plus chère à mon cœur de toutes les demoiselles de la terre ! »

Puis il y eut des étreintes et des baisers sincères de part et d'autre, et, tandis que je la voyais pleurer, je fis le vœu tacite que si jamais les yeux de cette mère et de son fils versaient encore des larmes, je serais le dernier à les provoquer, et que Je serais toujours prêt et à portée de main pour les sécher soigneusement.

Je me souviens également d'avoir vu alors la belle Waldtrud , la fille du forestier, car elle me souhaitait de tout cœur du bonheur ; mais je me souviens encore mieux que je n'éprouvais aucune pointe de jalousie et que je regardais à peine la jeune fille, parce qu'il y avait bien d'autres choses dont la vue me procurait une joie bien plus grande.

Ce fut une heure délicieuse et inoubliable, quoique trop courte ; par le désir de mon oncle, nous étions bientôt prêts à rentrer chez nous. Alors que Gotz transportait sa mère de la chambre chaude au traîneau, et que je cherchais autour de moi certains foulards de ma tante, j'aperçus, accroupi derrière le grand poêle de faïence verte, le jeune Kubbeling en tas, et avec son visage caché dans ses mains. Il n'a pas bougé jusqu'à ce que je lui parle ; puis il essuya ses yeux mouillés avec sa capuche de fourrure, et quand je posai la main sur son épaule, il inspira profondément et dit :

"La matinée a été émouvante, Maîtresse Margery. Mais tout ira bien. Cela m'a frappé comme un coup dur, bien sûr, et je n'ai plus rien à faire ici dans la forêt, d'autant plus que J'ai des enfants et des petits-enfants à la maison qui ont attendu trop longtemps le retour du vieil homme. Je partirai demain de bonne heure. À vrai dire, à personne d'autre qu'à vous, je ne peux pas supporter d'être loin de mon ancien endroit. plus de temps qu'il n'en faut pour aller et revenir à Alexandrie. Mon vieux cœur est devenu trop mou et las pour l'absence de deux voyages. Et encore une autre affaire pour votre oreille seule : vous serez la femme d'un homme au cœur noble , mais l'esprit toi, il est depuis longtemps libre d'errer partout où il veut. Prends à cœur de rendre sa maison chère et heureuse, sinon il en sera de toi comme de ma vieille femme, qui n'a jamais maîtrisé cette affaire et qui vit seuls plus de jours dans l'année que nous n'en avions jamais rêvé le matin de notre mariage.

Sur ce, nous partîmes ensemble ; et j'ai pris son conseil à cœur, et Gotz ne m'a jamais quitté longtemps, sauf quand il le fallait.

Quant à Kubbeling , il tint parole et nous quitta le lendemain matin ; pourtant nous l'avons revu souvent depuis ce temps-là, et le plus beau faucon de nos écuries est celui qu'il nous a envoyé comme cadeau de noces ; et après notre mariage, Ann reçut en cadeau du vieux Uhlwurm un perroquet aux belles couleurs , et le vieil homme l'avait fait parler pour elle de telle manière qu'il pouvait dire clairement : « Uhlwurm est l'humble serviteur d'Ann.

Nous passons maintenant deux jours au refuge forestier dans le bonheur, comme si le paradis était descendu sur terre ; et bien qu'il soit périlleux de se réjouir de l'amour d'un homme qui a erré bien au-delà des mers, il a néanmoins ce bon côté : que bien des choses qui semblent à un autre lointaines et hors de portée, il les considère proches, et la moitié du monde lui appartient pour ainsi dire. Et comme Gotz pouvait me donner le sentiment de partager sa possession !

Le matin du troisième jour après son arrivée, milord Cardinal partit à cheval vers la forêt avec Ann ; et, dans la mesure où les devoirs de sa charge l'amenaient désormais à séjourner à Würzberg et à Bamberg, il pouvait nous promettre qu'il bénirait notre union ou qu'il partait un jour pour l'Italie. Même si je pensais que ce serait une heureuse occasion si nous pouvions nous tenir à l'autel en même temps qu'Herdegen et Ann, l'impatience de Gotz , qui n'avait pas diminué même au cours de ses voyages, s'opposait à notre attente de l'arrivée de mon frère. De même, il souhaitait que nous puissions vivre ensemble un espace de mari et de femme, avant d'aller à Venise pour obtenir sa libération du service de la République.

En même temps , il ne jugeait pas prudent de m'emmener avec lui dans ce voyage ; cependant, après notre mariage, alors qu'il était sur le point de partir, j'eus l'audace de le supplier ; et il me montra clairement que je ne l'avais pas mis en colère ni troublé alors qu'il m'accordait volontiers de voyager avec lui, et sans reproche. Je partis ainsi avec lui jusqu'à la grande et puissante ville de Saint-Marc, que j'avais toujours désiré contempler de mes yeux corporels. Je ne suis jamais allé au-delà des mers, mais nous avons voyagé jusqu'à Rome, et là, sous la protection et la direction de mon seigneur Cardinal, j'ai passé de nombreux jours inoubliables aux côtés de mon Gotz .

Mais une chose à la fois ; un jour , si mes nombreuses années peuvent en souffrir, j'écrirai davantage sur ces questions.

Il serait difficile de décrire à quel point ma tante et le cardinal étaient bienveillants l'un envers l'autre, même si de temps en temps ils tombaient dans des conflits amicaux ; le révérend prélat avait peine à quitter la loge et cette étrange femme, dont le cerveau clair et occupé dans son corps malade devint plus tard une des grandes merveilles de sa ville natale. Pourtant, il était de son devoir de passer la veille de Noël avec sa vénérable mère. Il nous a aidé, Gotz et moi, comme il nous l'avait promis, et jusqu'à la fin de sa vie, il a toujours été un ami et un protecteur aimable et honoré pour nous et nos enfants.

Ann fut toujours sa préférée, et avant de quitter Nuremberg, il lui accorda une dot telle que peu de nos nobles les plus riches pouvaient donner avec leurs filles.

La veille de Noël, que nous avons passée au lodge avec nos parents, l'aumônier et mon cher parrain, oncle Christian Pfinzing , était une fête glorieuse, apportant de la joie à nos âmes ; mais cela devait se terminer par le premier péril qui frappait la jeune joie de notre amour. Après que les autres furent partis dans leurs appartements et que Gotz m'eut effectivement donné un dernier baiser d'adieu, il me retint un moment et me supplia d'être prêt tôt le matin pour monter avec lui jusqu'à la cabane de Martin l'apiculteur, dont la femme avait été sa nourrice. Bien des matins de Noël, il avait salué la bonne femme avec un petit bouquet, et maintenant il n'avait pas trouvé une heure pour l'épargner depuis son retour. Or, j'aurais volontiers accédé à cette simple demande si j'avais en secret, avec l'aide de l'aumônier, fait apprendre aux écoliers un chant de Noël pour réveiller les parents et Gotz de leur sommeil. Ainsi, lorsqu'il m'ordonna de me tenir prêt de bonne heure, je le priai de venir plus tard. Mais cela ne lui plaisait pas du tout ; il répondit que la bonne dame avait coutume de le chercher de bonne heure le matin de Noël, et qu'il avait déjà trop longtemps différé son salut. Pourtant, la surprise que j'avais planifiée était au premier plan dans mon esprit, et j'avais très imploré de lui qu'il m'accorde ma volonté. Sur quoi ses sourcils, qui se rejoignaient au-dessus de son nez, étaient sombres et il me fit savoir, brièvement et presque durement, qu'il s'en tiendrait aux siens.

A cela, le sang me monta à la tête, et une réponse courroucée fut effectivement sur ma langue lorsque je me souvins de la soirée où nous nous étions réunis, et je lui demandai calmement s'il pensait vraiment que j'étais si stupide ou si méchant. comme pour l'empêcher d'exercer une fonction pieuse et bienveillante si je n'avais pas une raison valable. Et ici j'avais frappé dans le bon sens ; il se reprit, le front s'éclaircit, et dit seulement : « Femmes, femmes ! il secoua la tête et me serra contre lui ; et comme je lui rendais avec ferveur son baiser et ouvrais la porte de ma chambre, il m'appela : « Nous verrons demain matin, mais le plus tôt possible.

Alors que j'étais dans mon lit, je me suis souvenu du chant de Noël que les petits devaient chanter ; puis je me suis souvenu de mes propres années d'école et de la façon dont les Chartreuses nous avaient expliqué ces paroles de l'Écriture : « Et les temps seront accomplis ». Ils ont été écrits, bien sûr, à propos d'un sujet spécial, de la naissance de notre Sauveur et Rédempteur ; mais je les appliquai à moi-même et à Gotz , et je me demandai dans mon cœur si tout ce qui m'était jamais arrivé dans la vie, que ce soit par joie ou par chagrin, avait été vain, et comment les choses auraient pu m'arriver maintenant si, comme un jeune fille ininterrompue, ou à chaque fois que j'avais fait l'école de la vie, j'avais été confiée à cet homme, que le Tout-Puissant avait dès le début destiné à être mon mari. Si le sang obstiné des Schoppers , aussi implacable qu'il l'était alors, était entré en conflit avec la volonté de fer de Gotz , il y aurait eu plus qu'assez de coups durs des deux côtés, et avec quelle facilité tout notre bonheur aurait pu être détruit par là.

Il était minuit passé quand enfin je m'endormis ; et dans la pénombre du matin, le chœur de Noël résonnait dans la maison avec les paroles que les bergers entendaient dans la voix des anges : « Gloire à Dieu au plus haut des cieux et paix sur la terre ». Cela réveilla Gotz , et alors que nous montions dans le traîneau, il me murmura : « Comme ton hymne était pieusement heureux, ma chérie ! Et tu avais raison hier, et la paix régnera effectivement sur terre, et surtout entre toi et moi. , partout et à tout moment jusqu'à l'EN D."

……………………..

UN POSTSCRIPTUM DE KUNZ SCHOPPER

Les enfants me supplient d'écrire davantage sur le conte inachevé de Margery. Cependant, j'ai presque quatre-vingts ans, et comment puis-je espérer gagner la faveur dans l'exercice d'un acte pour lequel je ne suis habile qu'en matière d'affaires ? Pourtant, alors que je ne pourrais jamais supporter de dire non à une prière raisonnable de ceux qui sont les plus chers à mon cœur, j'accomplirai leur désir, en écrivant seulement ce qui est nécessaire et dans les mots les plus clairs.

Ceux à la demande desquels je suis assis ici connaissaient tous bien ma chère sœur. Margery, la veuve du défunt garde forestier, le chevalier Sir Gotz Waldstromer , conseiller de Sa Majesté Impériale et capitaine des hommes d'armes de notre bonne ville ; et chacune profita pendant un espace plus ou moins long de sa bonté de cœur et de ses conseils sages et fidèles.

Beaucoup d'entre eux se souviennent également de feu Anna Spiesz , autrefois épouse de Herdegen. Schopper ; et quant audit Herdegen Schopper , mon cher frère, le livre de souvenirs de Margery montre fidèlement la manière de sa vie et de son esprit dans l'épanouissement de sa jeunesse, et en vérité, c'est une tâche douloureuse pour moi de décrire la décadence et la fin d'un homme si noble.

Quant à moi, dernier maillon de la chaîne Schopper dont Margery a fait mention à plusieurs reprises, je suis toujours avec vous, mes très chers ; et je reste peu changé, dans la mesure où ma vie s'est toujours déroulée calmement et silencieusement.

Comment se fait-il que Margery ait mis si soudainement fin à ses souvenirs, la plupart d'entre vous le savent déjà ; mais je vais le mettre de côté pour les plus jeunes.

Jusqu'à l'âge de soixante-sept ans, elle ne montait jamais en litière, mais faisait toujours ses voyages à cheval. Pendant de nombreuses années, elle et son mari résidaient dans la forêt pendant les mois d'été seulement et habitaient leur maison de ville tout l'hiver. Un jour, alors que, dans son récit écrit, elle en était arrivée au moment où elle et Gotz , son cher mari, s'étaient mariés, elle le pria de l'accompagner dans la forêt, car elle avait à nouveau envie de voir l'endroit de la saison hivernale qui avait vu les jours les plus heureux de sa vie en ce mois de décembre bien passé. C'est ainsi qu'ils s'avançaient à cheval, bien que la marée de Noël approchait, et lorsqu'ils me faisaient signe de la main en passant devant moi, pleins de bonne humeur et de gaieté, il me semblait que dans tout Nuremberg, voire en Franconie ou dans toute l'Allemagne, Dans l'Empire, il est difficile pour un homme de trouver un vieux couple d'amants aux cheveux blancs qui leur ressemble en termes de légèreté et de bonne mine. Quelques jours heureux et joyeux leur étaient alors accordés dans la vieille forêt bien connue ; mais sur le chemin du retour, le palefroi de Margery trébucha sans franchir les portes de la ville, sur le sol gelé. Son bras était gravement cassé et sa main droite restait si raide, malgré le meilleur savoir-faire de maître Hartmann Knorr, qu'elle ne pouvait plus utiliser la plume, sauf avec une grande douleur, bien qu'elle montât souvent à cheval par la suite. Ainsi le petit livre resta longtemps de côté ; et tandis qu'elle s'efforçait encore avec diligence d'écrire avec sa main gauche, la mort lui a arraché Ann Schopper , la veuve de notre défunt cher frère Herdegen . Schopper et le meilleur ami de son cœur, et cela tomba sur son âme comme un chagrin si cruel qu'elle ne put plus supporter de prendre la plume.

Puis, lorsqu'elle perdit son mari bien-aimé, quelques mois après le jour de leurs noces d'or, tout fut fini pour elle ; la brave vieille femme renonça à tout souci de la vie et mourut trois mois à peine après lui. Et en effet , j'ai souvent vu comment, lorsque l'un des deux hommes, qui ont vécu ensemble tant d'années dans une véritable union de cœur, quitte cette vie, cette terre est trop seule pour l'autre, pour qu'on puisse croire que leurs cœurs avaient devenu comme s'il s'agissait d'une seule chair, et celle qui reste s'est vidée de son sang intérieurement à cause du coup de la Faucheuse.

Puis j'ai relu ce livre de souvenirs, et il m'a semblé que Margery avait écrit sur elle-même comme étant moins digne que d'une vérité qu'elle était au printemps de sa vie.

La plupart d'entre vous se souviennent encore de la façon dont Monseigneur le Maire parlait de la mariée au chapelet d'or couronnant ses épais cheveux d'argent, comme la fierté de notre ville, la meilleure amie et même parfois la plus sage conseillère de notre vénérable Conseil, la consolatrice. et refuge des pauvres; et vous savez très bien que maître Johannes Lochner, le prêtre, a parlé sur sa tombe ouverte, disant que, de même que dans sa jeunesse elle avait été la plus belle, de même dans sa vieillesse elle était la plus noble et la plus serviable de toutes les dames de la paroisse de Saint Sebald ; et vous-mêmes avez souvent été ses aumôniers, ou avez regardé en silence pour admirer son portrait.

Et à Venise, j'ai entendu dire de la bouche même du maître qui l'avait peinte et qui était l'un des plus grands peintres de la célèbre guilde à laquelle il appartenait, que telle qu'elle était, il imaginait la majestueuse reine de quelque ancien roi allemand vaincu. par les Romains, ou par Eve elle-même, si l'on peut effectivement concevoir notre froide patrie allemande comme un paradis. Oui, la femme la plus charmante et la plus rayonnante qu'il ait jamais vue était ta mère et ta grand-mère.

Et chaque fois qu'elle allait danser, tous les jeunes maîtres de noble naissance, les comtes et les chevaliers, et même à la cour de l'empereur , étaient d'accord pour dire que Margery Schopper était la plus belle et aussi la servante la plus joyeuse et la plus heureuse. richement doté de dons d'esprit, dans tout Nuremberg. Seule Ann pouvait se tenir à ses côtés, et sa beauté était italienne et céleste plutôt qu'allemande et terrestre.

Le manuscrit de Margery se termine là où elle avait atteint un havre de paix ; cependant, elle en mentionne d'autres qui n'étaient pas assez heureux pour jeter l'ancre à temps, et si je veux raconter ma propre histoire, je dois retourner à Alexandrie, au pays d'Égypte.

Le poignard loué par Ursula pour tuer Herdegen m'a frappé ; cependant, au moment où mon cousin Gotz m'amena voir mon cher frère, lui-même homme libre, j'étais déjà guéri de ma blessure et prêt à partir. La digne mère d' Akusch m'avait soigné avec un dévouement qui eût fait honneur à une chrétienne, et ce fut sous son toit que je revis pour la première fois Herdegen et mon cousin. Et quelle ne fut pas ma surprise de voir Gotz , plus grand qu'autrefois, apparaître devant moi dans la magnifique tenue et le harnais d'un capitaine en chef de l'armée de la toute-puissante République de Venise ! Au lieu d'un aventurier exilé, je l'ai trouvé un gentilhomme fidèle, à tous égards illustre et honoré, dont l'œil autoritaire montrait qu'il avait l'habitude d'être obéi, même si sa voix et son air révélaient une âme compatissante et amicale.

Oui, et il me semblait qu'à son arrivée un air plus frais et plus pur soufflait autour de moi ; et aussitôt qu'il eut fait sienne la cause d'Herdegen et s'était porté garant de lui, le chef de la grande maison de commerce de Michieli paya la rançon, qui, à mes yeux, connaissant la valeur de l'argent, dut ne jamais être dépassée, à moins que mon grand oncle avait bien voulu nous aider. Cependant, mon cousin ne rendait pas le même service au chevalier de Welemisl , dont il accordait moins de confiance au maintien et aux manières, c'est pourquoi je suis devenu son garant, par pure pitié et à la prière de Herdegen .

Ici, vous me demanderez pourquoi je ne parle pas d'abord de ma rencontre avec mon cher frère qui souffre depuis si longtemps. Et en effet, mon cœur battait fort de joie et d'action de grâce, lorsque nous nous tenions l'un dans l'autre ; mais hélas, quels changements étaient survenus en lui au cours de ces années d'esclavage ! Lorsqu'il entra dans ma chambre, la tête baissée et les mains derrière le dos, après que nous l'eûmes salué , je me détournai de lui et fis comme si j'avais quelque chose à commander, afin qu'il ne me voie pas sécher mes larmes ; dans la mesure où celui qui se tenait devant moi était bien mon Herdegen , et pourtant il ne l'était pas.

Pendant dix-huit longs mois, il maniait les rames à bord d'une galère sarrasine, tandis que Sir Franz, trop faible pour un tel labeur, servait de gardien d'esclaves sur les bancs, lui-même avec des chaînes aux pieds. Et c'était ce long et dur labeur qui avait poussé mon frère à cacher diligemment ses mains derrière son dos, comme s'il en avait honte ; tandis que ses mains fortes, avec leurs bagues coûteuses, il avait toujours eu l'habitude de considérer une grâce, et maintenant, en vérité, elles étaient devenues grossières et rouges comme une brique, et ressemblaient à celles d'un tailleur dans les bois. Et tandis que les hommes ont souvent tendance à prêter moins attention au visage d'autrui qu'à la forme et à l'état de ses mains, je me souviens toujours de Herdegen tel que je les ai vus ce jour-là, et une étoile et un croissant étaient marqués en bleu sur le dos. de son droit, afin que tous les hommes doivent le voir.

De même, sa poitrine profonde avait perdu une partie de sa grande force, et il se tenait moins majestueux qu'autrefois. Il me semblait que le chevalier lui avait imputé une partie de sa maladie, dans la mesure où il toussait souvent beaucoup. De même, les longs cheveux dorés, qui coulaient en abondance sur ses épaules, avaient été coupés à la manière des incroyants, ce qui donnait à son visage bien favorisé une apparence étroite et juste et étrange. Seule la forme de son visage et de ses yeux étaient ce qu'ils avaient toujours été ; bien plus, il me semblait que ses yeux avaient une lumière plus brillante et plus humide qu'autrefois.

Une seule chose me consolait, c'était que mon cœur battait pour lui d'un amour plus pitoyable et plus fidèle que jamais. Et quand le soir tomba, alors que nous étions assis ensemble avec Gotz , maître Knorr et Akusch , buvant notre vin, auquel seul Akusch ne voulait pas toucher, cette assurance réconfortante devint forte en moi, parce que la voix de Herdegen était aussi douce qu'autrefois, tant dans la parole et dans le chant ; et quand il me racontait toutes les aventures et les souffrances qu'il avait endurées au cours de ces dernières années, j'avais envie de l'écouter, et Gotz aussi ; et d'abord il nous arracha les larmes aux yeux et nous fit bientôt rire avec gaieté. Et qu'est-ce qu'il n'avait pas vécu ?

Je me suis couché ce soir-là avec espoir et contentement ; cependant, le lendemain, maître Knorr me dit en secret que, même si les poumons de mon frère n'avaient jamais été aussi forts, si maintenant, dans la froide saison de décembre, il devait se rendre au nord des Alpes après un si long séjour sous un ciel plus chaud, il ne pourrait pas le faire. ne parvenez pas à lui causer un préjudice sérieux, comme cela le ferait également à Sir Franz. C'est donc mon rôle de retarder notre retour ; et même si la nouvelle de la sangsue me rendait le cœur lourd, j'étais obligé de céder, dans la mesure où Herdegen ne pourrait pas apparaître en présence de sa bien-aimée sous son aspect actuel.

A cet effet, nous lui avons fait croire qu'il ne pourrait rentrer sain et sauf s'il n'avait pas accompli la pénitence que lui avait imposée l' Empereur ; et bien qu'il ait eu du mal à retenir les désirs de son cœur, il s'est néanmoins cédé à nos pressantes remontrances.

Or, tandis que Gotz retournait à Venise, le galion qui transportait don Jaime, prince de Catalogne, jusqu'à Joppé, nous conduisait également vers la Terre Promise, vers la ville sainte de Jérusalem. De là, nous avons fait notre pèlerinage vers de nombreux autres lieux saints, sous la protection de la grande camaraderie de ce prince royal qui nous a toujours témoigné beaucoup de faveur.

Enfin nous retournâmes chez nous, en passant par Naples et Gênes ; à Damiette, au pays d'Egypte, Sir Franz quitta notre compagnie pour se rendre à Venise. C'est avec inquiétude et tristesse que je l'ai vu partir seul en route, et Herdegen partageait les mêmes idées ; dans leur malheur, il avait appris à reconnaître beaucoup de ce qu'il y avait de bon en lui et, au cours de notre long voyage, il avait vu que non seulement il était malade de corps, mais qu'un linceul pendait également sur son âme et son cerveau. En outre, si Ursula était encore libre de faire ce qu'elle voulait, le pire pourrait lui arriver à Venise, car les Giustiniani étaient certainement mal intentionnés à son égard, et le pouvoir et la dignité de cette famille n'en étaient en rien diminués. , bien qu'à cette époque Antonio Giustiniani ait déshonoré son nom en Albanie et ait été puni par les Quarante d'emprisonnement et de diverses peines. Cependant son cousin Orsato était l'un des seigneurs les plus grands et les plus riches de Venise, et le mari d'Ursula aurait trouvé en lui un fervent défenseur, comme en vérité nous l'avons appris à Naples, où nous avons appris que les Pregadi , qui avaient jugé lui, lui avait imposé une amende de deux mille ducats au maximum, qu'Orsato a payé pour lui parce qu'il ne souffrirait pas que son parent soit en prison.

A Gênes, nous trouvâmes de nombreuses lettres pleines de bonnes nouvelles de nos parents à la maison, toutes débordantes d'amour et de l'espoir de nous y revoir bientôt. Herdegen ne put alors se retenir d'impatience et, si je l'avais souffert, il aurait chevauché jour et nuit sans pause ni repos, prenant des chevaux neufs selon ses besoins ; pour ma part, mon principal souci était de le ramener à la maison aussi frais et sain que possible, et de préserver ainsi Ann du chagrin de cœur. Herdegen m'avait donné à lire ses lettres, et quel amour vrai et profond, quelle âme haute et pure exprimait dans ces lignes ! Cependant, quand je l'ai entendue, pour ainsi dire, crier par ces lettres, combien elle désirait ardemment le moment où elle pourrait à nouveau caresser ses boucles flottantes et presser sa chère main fidèle sur ses lèvres comme sa servante dévouée, mon cœur a battu avec de nouvelles craintes. Il le tenait plus droit, bien sûr, et son visage était moins pâle et moins creux qu'il ne l'avait été ; mais il ne pourra plus jamais être un homme fort. Ses yeux clairs étaient enfoncés dans leurs orbites, ses cheveux étaient plus rares sur sa tête et il y avait des fils d'argent parmi l'or. Ah, et ces mains malchanceuses ! C'est grâce à ses mains — même si cet aveu vous fera sans doute sourire — que je l'ai poussé à retenir son désir, même lorsque nous étions aussi près de la fin de notre voyage qu'Augsbourg, et à m'accorder un délai supplémentaire d'un jour, dans la mesure où je il se souciait surtout de les cacher d'abord dans des gants aux femmes de la maison. Et dans toute la grande ville, il n'y en avait pas une paire qui lui irait, et il faudrait une journée entière pour lui en faire une paire à sa mesure. Nous devions donc nous attarder, et comme nous avions à Augsbourg, entre autres bons amis, un fidèle allié dans les affaires commerciales du Fondaco de Venise , maître Sigismond Gossenprot , nous logeâmes dans sa demeure, qui était une des plus belles de cette belle ville ; et, comme le hasard l'avait décidé, il était rentré de Venise la veille même de ce jour.

Lui et sa digne épouse connaissaient Herdegen depuis longtemps, et j'ai été touché au cœur de voir à quel point sa vue les affligeait tous les deux. Bien plus, et la belle jeune fille de la maison ne jeta jamais un œil sur l'invité étranger, dont la présence avait coutume de faire battre plus vite le cœur de chaque jeune fille. Cependant, ici encore, j'ai trouvé du réconfort en constatant au souper que la douce demoiselle ne faisait plus attention à ma simple personne, alors qu'elle m'avait d'abord regardé avec faveur, mais avait écouté avec des joues rouges le discours de Herdegen . Au début, certes, ce n'était pas gai, dans la mesure où maître Gossenprot était plein de nouvelles de Venise et de la dernière fin de Sir Franz, ce qui, en effet, suffisait à attrister les plus joyeux.

Lorsque le bohémien était venu à Venise, il avait logé dans une taverne appelée « Le Miroir », et là mon hôte avait considéré qu'il n'était qu'un hôte sombre et silencieux. Et il arriva qu'un jour la ville fut pleine d'un tumulte épouvantable, alors que le bruit courait que l'après-midi, à l'heure où dame Ursula Giustiniani avait l'habitude de débarquer dans sa gondole, un homme étrange, vêtu de noir, y avait sauté. des siens et, avant que les serviteurs aient pu mettre la main sur lui, il l'avait poignardée à plusieurs reprises au cœur avec son poignard. Puis, alors qu'on allait le saisir, il avait retourné sur lui l'arme meurtrière encore mouillée du sang de sa victime, et avait ainsi échappé à la main vengeresse de la justice.

Dès que l'animateur du Mirror entendit cette histoire, il lui souvint de cet homme étrange et sombre et, lorsque ce voyageur ne rentrait pas chez lui à son auberge, il en fit rapport aux juges. Puis, en fouillant dans son portefeuille, on découvrit qu'il y était entré sous un faux nom, et que c'était Sir Franz von Welemisl qui s'était si terriblement vengé sur Ursula pour ses péchés contre lui-même et contre Herdegen .

Nous partîmes maintenant d'Augsbourg à bonne vitesse, et quand, un beau matin de juin, notre fière vieille citadelle salua nos yeux de loin, et que je vis que les yeux d'Herdegen étaient mouillés en la contemplant, mes yeux se remplirent également de larmes, et tandis que nous Nous roulâmes en nous serrant les mains avec ferveur, mais en silence.

J'envoyai un messager de notre dernière halte pour annoncer notre arrivée ; et quand, près de Schweinau , nous aperçumes un nuage de poussière, nos regards se rencontrèrent et en dirent plus que de nombreux et éloquents mots.

Une joie grande, pure et reconnaissante remplissait et soutenait mon âme ; mais bientôt le nuage de poussière fut caché par un virage du chemin derrière les arbres, et même ainsi, dit mon cœur craintif, le linceul de l'avenir cachait ce qui pourrait ensuite nous arriver.

Les coups cruels du sort qui étaient tombés sur Herdegen n'avaient pas été tous vains, et la faiblesse croissante de son corps l'avertissait de ne pas dépenser ses forces et son ardeur dans des choses toujours nouvelles. Mais ce qui me troublait, c'était qu'il n'était pas conscient des changements qui s'étaient produits en lui, à l'intérieur comme à l'extérieur. De tous ses discours avec moi, je m'aperçus que, même maintenant, il ne concevait peut-être pas que la vie puisse être autre que celle qu'il désirait ; néanmoins cela me procurait une joie secrète de regarder ce cher garçon, pour qui la vie n'aurait dû avoir ni chaleurs d'été ni des gelées hivernales, mais seulement une marée printanière florissante et de joyeuses journées d'automne.

Mais maintenant nous avions contourné le bois, et nous pouvions voir ce que cachait le nuage de poussière. Avant tout arrivait un train de wagons chargés de marchandises et se dirigeant vers le sud, et le premier wagon avait rencontré un chargement de charbon de bois entassé sortant de la forêt à un endroit de la route où ils étaient enfermés entre un fossé profond d'un côté et d'épaisses broussailles et sous-bois de l'autre ; ainsi ni l'un ni l'autre ne pouvaient se détourner, et leurs roues étaient si fortement bloquées qu'elles barraient la route comme si elle eût été un mur. Ainsi, le deuxième chariot avait également été blessé par l'arrêt brusque du premier, et il fut à peine sauvé du renversement dans le fossé. Il y a eu une scène de trouble sauvage. Les wagons arrêtaient le chemin, et ni le reste du train, ni leurs cavaliers armés, ni nos propres gens ne pouvaient passer, parce que le fossé était très profond et les sous-bois épais. Nous fûmes également obligés de tirer les rênes et de regarder pendant que les six beaux chevaux de char qui venaient tout juste de sortir de l'écurie, leurs robes brunes brillantes comme des miroirs, étaient dételées, et de même les bœufs de trait étaient retirés du chariot à charbon ; ce qui se faisait avec beaucoup de bruit et de jurons, et les plaques de cuivre qui ornaient les harnais de cuir des grands chevaux tintaient si fort et si clairement que nous ne pouvions pas entendre les cris de nos parents. Bien plus, c'était le panache du chapeau de Gotz , qui dominait la foule, qui nous indiquait qu'ils étaient venus.

Maintenant, tandis qu'Herdegen exhortait et encourageait en vain son cheval réticent à sauter dans le fossé et à contourner cette forteresse de chariots , deux des autres - et j'ai immédiatement vu qu'il s'agissait d'Ann et de son père, à cheval - s'étaient dirigés vers eux. près du wagon à charbon ; cependant, ils ne pouvaient pas aller plus loin parce qu'il avait basculé à moitié et jonché le chemin de sacs de charbon noir.

Mon cœur battait comme s'il allait se briser, et voici, tandis que je regardais autour de moi pour les montrer à Herdegen , il avait déployé ses dernières forces pour faire sauter son cheval, et pouvait à peine se tenir en selle ; son angoisse d'esprit et sa lutte insensée avec le cheval obstiné avaient épuisé les forces de son corps maladif. Son visage était pâle et sa respiration devenait difficile alors qu'il était assis là, au bord du fossé, et portait sa grande main sur sa poitrine comme s'il souffrait. Là-dessus, je ressentis également une profonde douleur de tourment indescriptible, même si je savais par expérience qu'à de tels maux, il n'y avait d'autre remède que le repos parfait. Je détournai le regard de lui et vis, un peu plus près maintenant, Ann haut sur sa selle, agitant diligemment son foulard, et à ses côtés son père, soulevant son chapeau de conseiller .

En quelques instants, nous étions à nouveau unis. Mais non….

En écrivant ces mots d'une main tremblante , j'ai juré de n'écrire que la vérité et toute la vérité. Et dans la mesure où je n'ai pas hésité à mentionner certaines choses que beaucoup considéreront comme peu d'honneur pour Herdegen , qui était, par la faveur du ciel, bien plus hautement honoré à tous égards que moi, qui n'ai jamais été que médiocre. étant doué, il serait malvenu que je répugne à raconter des choses dont j'ai moi-même vécu pour me repentir.

Là, près du fossé, se trouvait mon cher frère unique, fatigué et pâle, un homme destiné à une tombe précoce ; et devant moi, à quelques pas, la femme à qui le seul et fervent amour de mon cœur avait été donné dès mon enfance. Elle était assise comme une fille de roi sur un noble cheval blanc aux riches atours. Un magnifique vêtement de drap fin, richement brodé de velours des Flandres, coulait autour de son corps svelte. Sa couleur était blanche et bleu saphir, tout comme le bonnet de velours et la plume d'autruche finement arrondie, qui y était attachée par une broche de pierres précieuses étincelantes. Je l'avais toujours considérée comme la plus belle en blanc brillant, et elle le savait, alors qu'Herdegen avait pris le bleu pour couleur ; et voici, elle portait les deux, par amour peut-être des deux frères. Je ne l'avais jamais vue plus belle qu'à cette minute et elle était également devenue d'une beauté plantureuse, et comme ses joues rouges étaient douces, sa peau blanche comme un cygne et ses cheveux noirs d'ébène qui coulaient de dessous son petit chapeau en longs cheveux. tresses entrelacées de ruban de velours blanc et bleu saphir.

Jamais une servante n'a paru plus désirable à un homme. Et son père sur son grand cheval brun, il n'était plus artisan ! Avec sa robe de conseiller bordée de fourrure, avec la chaîne d'or autour de son cou, son visage gracieux, grave et viril, et ses longs cheveux flottants jusqu'aux épaules, il me semblait qu'il aurait pu être le chef d'un ancien et noble. famille. Personne à Nuremberg ne pouvait se comparer à ces deux-là en termes de dignité masculine et de beauté féminine, et ce cavalier maladif et courbé près du fossé en était-il digne ? "Non, non", crie une voix dans mon cœur. "Oui oui !" s'écria un autre ; et au milieu de cette lutte, je ne pouvais que me dire : « Il a un ancien et bon droit sur elle, et dès qu'il aura retrouvé son souffle, il le réclamera.

Mais elle? Que va-t-elle faire ? comment va-t-elle la rabaisser ? est-elle consciente de sa présence ? Va-t-elle reculer devant lui, comme la dame Gossenprot à Augsbourg et l'intelligente épouse de l'aubergiste d'Ingolstadt, qui autrefois était si désireuse d'être à son service ? Ann, qui avait rejeté de nombreux prétendants seigneuriaux, serait-elle aussi douce qu'autrefois envers cette créature à bout de souffle ? Et si elle suivait l'exemple qu'il lui a donné depuis longtemps, si elle rompait maintenant le lien qu'il avait rompu autrefois, ou si — Vierge miséricordieuse ! — si sa maladie s'aggravait et qu'il hésitait lui-même à l'enchaîner épanouir sa jeune vie – alors, oh, alors ce sera peut-être mon tour, alors….

Et soudain, un cri sortit du plus profond de mon cœur, mais personne ne l'entendit : « Regarde de ce côté-ci. Regarde-moi, mon seul et unique bien-aimé ! Détourne-toi de celui qui s'est autrefois détourné de toi et écoute Kunz qui t'aime d'un amour plus fidèle et plus fervent que cet homme qui, jusqu'à ce jour, ne sait pas quelle est ta vraie valeur, dont le cœur est aussi inconstant que le mien est honnête et vrai. Me voici, un homme fort et fidèle, l'ami de tout homme bon, désireux et capable de vous porter entre mes mains fortes à travers une vie couronnée de richesse et de bonheur ! »

Et pendant que la voix du Malin murmurait ceci et bien plus encore, mon regard, me semblait-il , était envoûté par son visage, et la lumière de ses yeux brillait au plus profond du mien. Et tout à coup, je levai les bras et, sans savoir ce que je faisais, je les tendis, comme hors de moi, vers cette jeune fille tant aimée. Qu'elle ait vu cela ou non, je ne le saurai peut-être jamais. Et la grâce de la Sainte Vierge ou de mon saint gardien m'a préservé du mal et de la disgrâce, car tandis que tout ce qui était en moi aspirait à cette bien-aimée, une voix claire m'a appelé par mon nom, et quand je me suis retourné, voici, c'était Margery, qui avait sauté son palefroi léger dans le fossé et qui avait maintenant bondi sur la berge herbeuse. C'était une épreuve d'équitation vertigineuse, à laquelle elle avait été poussée par le désir et l'amour fraternel ; et derrière elle venait un homme, mon cousin Gotz , dont le saut audacieux de sa nouvelle épouse était vraiment selon son propre cœur. Encore un plongeon, et leurs chevaux étaient sur la grande route, et j'avais soulevé Margery de sa selle et nous nous tenions l'un contre l'autre, balbutiant des mots stupides et sans suite, pendant que nous riions d'abord puis pleurions.

Cela dura un certain temps jusqu'à ce que je fus surpris par un cri, et voici, Eppelein , dans son impatience de saluer son cher maître, avait été obligé de faire comme Margery et Gotz avaient fait, mais avec moins de chance, dans la mesure où il était tombé sous son cheval, qui s'était renversé avec lui. Son cri lamentable m'a dit qu'il avait besoin d'aide, et une fois de plus dans ma vie j'ai accompli mon étrange destin, qui a toujours été de jeter aux vents ce que mon âme désirait le plus, pour qu'un autre le reprenne. Pendant que Margery se tournait pour saluer Herdegen, je me précipitais sur la rive pour sauver le fidèle qui avait tant enduré au service de mon frère, avant que le pire ne lui arrive.

Et cela, sans grande peine, j'ai pu le faire ; et quand je m'aperçus qu'il n'avait subi aucune blessure mortelle, je remontai sur la route, et puis de nouveau mon cœur se remit à battre tristement. Ann et Herdegen s'étaient revus, et une fois pour toutes. Comment a-t-elle pu se retenir en voyant le visage changé de son amant, et être maîtresse de son horreur et de son désarroi ?

Or, alors que j'avais escaladé avec peine la berge, avec mes lourdes bottes de cheval, je vis que les charretiers avaient attelé de nouveau les six chevaux bruns à leur charrette, et derrière eux, à la lisière du bois, se trouvaient la paire que je cherchais; et tandis que je m'approchais d'eux, Ann avait retiré de la main droite meurtrie de son amant le gant pour lequel nous avions attendu si longtemps à Augsbourg, et elle le regardait avec amour, sans signe d'horreur, mais avec les larmes aux yeux. ; et elle pleurait en l'embrassant encore et encore : « Oh, cette pauvre, chère et bien-aimée main, comme elle a cruellement souffert, comme elle a dû payer durement ! Et ça ? C'est là que se trouvait le marquage bleu ? il n'est presque plus là. Et il est dans ma couleur, le bleu, notre bleu saphir préféré !" Et elle lui montra joyeusement sa belle parure, et elle avoua que c'était pour lui seul, afin qu'il puisse voir de loin combien elle l'aimait et l'honorait, qu'elle s'était parée de la couleur de fidélité dans laquelle il avait toujours le plus aimé. pour la voir. Et il la serra contre lui, et quand elle embrassait ses cheveux fins et striés et parlait de ces chères boucles flottantes, auxquelles l'amour et le soin rendraient leur beauté, j'ai juré devant Dieu de ne jamais regarder cette union. de Herdegen et Ann mais avec action de grâce et sans envie, et fais toujours tout ce qui est en moi pour ces deux-là et pour leur bien-être.

De l'heureuse rencontre avec nos autres amis et parents, je ne dirai rien . Quant à la cousine Maud, elle était restée chez elle pour accueillir son chéri au portail du Schopperhof , qu'elle avait vaillamment paré. Oui, son cœur chaleureux battait plus tendrement pour lui que pour nous. Elle ne pouvait dissimuler entièrement sa consternation de le voir ainsi changé. Elle le caressait de temps en temps d'une main tendre, et pourtant elle le contournait comme s'il y avait en lui quelque chose dont elle avait peur.

Cependant, le soir, c'était pour elle comme pour moi au pays d'Égypte, et elle retrouva celui vers qui son cœur aspirait si fidèlement. Maintenant, ce qui semblait manquer se révéla une fois de plus, et à partir de ce moment-là, elle ne pleura plus ce qu'il avait perdu et qu'une vraie mère, peut-être, n'aurait jamais pu manquer ; en effet , comme sa santé physique se détériorait et qu'elle partageait le soin de le soigner avec Ann, personne n'aurait pu concevoir qu'il n'était pas en vérité son propre fils.

Le monstre maléfique qui s'était glissé dans le sein de mon frère grandissait, Dieu merci, mais lentement ; et lorsque le jeune couple se fut marié, avec un festin splendide, et que mon frère eut emmené Ann chez les Schoppers comme sa chère épouse, un joyeux espoir surgit en moi que Maître Knorr avait eu une vision trop sombre de l'avenir. l'affaire, et qu'Herdegen puisse refleurir avec une nouvelle force et sa bonne santé d'antan. Cependant ce n'était que la joie de son cœur qui lui donnait un aspect si courageux et si joyeux ; la maladie devait suivre son cours, et c'était comme un serpent, rongeant silencieusement ma joie de vivre, et sa morsure était d'autant plus cruelle que je ne pouvais dire à personne ce qui me faisait mal, sauf aux vieux Waldstromers . . Mais ils ont également rajeuni après le retour de leur fils à la maison, et malgré sa faiblesse, tante Jacoba a vu le fils aîné de Margery atteindre l'âge de six ans. Et elle lui a envoyé son paquet de friandises le premier jour où il est allé à l'école ; mais quand le petit garçon alla remercier sa grand-mère, la vieille dame était partie se reposer ; et son mari ne vécut après elle que quelques mois.

Une seule douleur avait assombri les derniers jours de ce vénérable couple, en vérité elle était lourde ; c'était la mort de mon cher frère Herdegen , survenue à la fin de la cinquième année après son heureux mariage.

À la fin de la quatrième année, sa maladie le frappa avec plus de violence, mais il allait et venait, et espérait toujours être guéri, même lorsqu'il se couchait quatre semaines avant la fin.

Le tout dernier jour, un certain beau soir de mai, c'est qu'il dit à Ann : « Écoute, mon trésor, je vais sûrement mieux ! Après-demain, nous sortirons dans le doux printemps pour entendre Dame Nightingale qui chante déjà, et voir Margery. Oh, dans la forêt, les brises soufflent pour guérir les malades !

Pourtant ils n'y allèrent pas ; deux heures plus tard, il avait quitté cette vie. Par malheur, à ce moment-là, j'étais à Venise pour affaires, et quand la nouvelle me parvint que mon seul frère bien-aimé était mort, il me sembla que la moitié de mon être avait été arrachée, oui, et que la moitié la plus noble et la meilleure ; cette partie qui ne se contentait pas de s'affliger et de se soucier uniquement des biens terrestres et de tout ce qui surgit et disparaît ici-bas, mais qui a une position dans la félicité d'un autre monde, où nous demandons non seulement à quoi sert et à quoi sert peut-être finir ceci ou cela, comme je l'ai toujours fait dans mon âme étroite.

Lorsque les yeux d'Herdegen se fermèrent dans la mort, mes ailes furent pour ainsi dire brisées ; avec lui, j'ai perdu le but suprême et la fin de tous mes travaux. Pendant cinq années difficiles, j'avais travaillé et lutté, transformant souvent la nuit en jour, non pour moi, mais pour lui et les siens, toujours soutenus et accélérés par la vue de sa haute âme et de son grand bonheur. Notre grand-oncle Im Hoff m'avait laissé sa maison et la direction de son commerce, comme vous l'avez déjà appris par le petit livre de Margery ; et pendant mes longs voyages, beaucoup de choses n'avaient pas été faites à mon contentement, et le vieil homme malade avait retiré trop d'argent de son entreprise. Une belle somme nous est venue de la succession de nos parents, et mon frère, ma sœur et ma cousine Maud ont voulu me confier les leurs ; mais combien j'avais à faire en retour !

De plus, un grand souci m'est venu du dehors, parce que les parents et les héritiers de Sir Franz refusaient de rembourser l'argent de la rançon que maître Michieli de Venise avait demandée et dont Herdegen et moi avions été les garants. Même si, dans cette affaire, nous avions eu recours à la justice, nous ne pouvions pas souffrir que Michieli subisse une perte à cause de sa générosité, c'est pourquoi j'ai pris sur moi la totalité de la dette, ce qui était une affaire difficile à cette époque et dans mon cas ; et les quinze mille ducats qui me furent rendus par jugement, trente ans après, ne me firent qu'une petite amende, d'autant qu'à cette époque j'avais depuis longtemps l'habitude de compter avec des sommes bien plus importantes.

J'ai honoré jusqu'au dernier sou le paiement par mon ami de la rançon d'Herdegen ; mais ce qui me pressait le plus, tant que mon frère vivait, c'était son ménage ; Rares sont ceux à Nuremberg qui auraient pu dépenser davantage.

Mon frère aîné était le seul de nous trois qui pût garder un souvenir quelconque de notre père, dont le commerce avec Venise et les Flandres avait rapporté de grands profits, et il se souvenait encore de la façon dont la maison avait toujours été pleine d'invités et les écuries de les chevaux. C'est pourquoi il voulait vivre de la même manière, ce qu'il jugeait juste et convenable, dans la mesure où il prenait l'argent que je lui avais donné comme la moitié des bénéfices nets du commerce d'Im Hoff, qui lui appartenaient de droit. Et j'étais prêt à lui permettre de jouir de cette croyance, même si à cette époque les inquiétudes paraissaient mauvaises. C'était moi, et non lui, qui devait m'occuper de ces préoccupations ; et je me suis réjoui de tout mon cœur quand lui et sa charmante jeune épouse sont partis avec une telle bravoure, quand il s'est assis comme hôte à la tête d'une table bien garnie d'invités, et a gagné tous les cœurs par son esprit élevé et fougueux, qui a conquis même les moins bien disposés. Pourtant, il n'était pas facile de fournir ce qui était nécessaire, ou de s'abstenir de paroles ou de reproches lorsque, par exemple, mon frère devait avoir besoin du pays d' Égypte pour Ann, un autre cheval aussi noble que celui que les émirs ont coutume de monter là-bas. Ou pourrais-je lui demander de payer quand, après que le Ciel l'eut béni avec un premier-né , Herdegen , rayonnant de fierté et de joie, me montra un berceau tout en ivoire recouvert d'œuvres sculptées coûteuses qu'il avait commandé pour son chéri par le maître le plus habile connu au monde, pour une somme qui, à l'époque, aurait acheté une petite maison ? Même s'il était presque un quart de jour, j'aurais pris cela et bien plus encore sur moi plutôt que d'apaiser la grande joie de son cœur ; et quand je t'ai vue, Margery la plus jeune, qui es maintenant toi-même grand-mère, dormant comme une fille de roi dans ce précieux berceau, et compris avec quelle grande joie cela remplissait tes parents d'avoir leur joyau dans un lit si précieux, je me suis réjoui de ma propre patience.

Cela m'a fait du bien au cœur, même si je n'ai pas parlé, d'entendre louer la maison des Schoppers comme la plus amicale de tout Nuremberg ; mais à d'autres moments , il me semblait voir la honte et la pauvreté à la porte ; et bien qu'en effet ces années de magnificence, qui furent certainement les plus dures de toute ma vie, n'aient abouti à aucune mauvaise issue, je le dois, après la grâce du ciel, à la confiance que beaucoup de gens à Nuremberg ont placée en mon honnêteté et mon jugement. , bien au-delà de mon désert. Et lorsqu'un jour, peu de temps avant la mort prématurée de mon frère, je me suis retrouvé dans l'eau jusqu'au front, c'est le plus fidèle de tous les amis fidèles, l'oncle Christian Pfinzing , qui a lu l'inquiétude dans mes yeux et sur mon visage. lors du tout dernier grand banquet à la table d'Herdegen , il me conduisit dans la baie de l'Oriel et m'offrit toutes ses biens ; et c'est en effet une belle somme qui a sauvé mon commerce du naufrage.

A côté de lui, c'est la cousine Maud que nous, les trois maillons de la chaîne Schopper , devrions toujours garder en mémoire le plus cher ; et ce fut par un étrange hasard que lui et elle moururent, non seulement le même jour, mais, pour ainsi dire, de la même mort. La mort l'a frappé à la table des Schoppers avec la coupe à la main, après qu'Ann, son « gardien » l'ait averti d'être sobre ; et c'était trois ans après la mort de son mari. Et la cousine Maud, en sortant de la cuisine, où elle était allée faire chauffer son fameux vin épicé pour l'oncle Christian déjà parti, tomba morte dans les bras de Margery lorsqu'elle apprit la nouvelle de sa fin subite.

Parmi les diverses choses qui ont longtemps habité l'esprit de Margery et d'Ann et qui ont été transmises à leurs petits-enfants, figuraient les vers latins du Magister en leur éloge. Il y a seulement quelques années que Maître Peter Piehringer a quitté cette vie à un âge avancé, et si les garçons de Gotz ont accompli leur scolarité si vite et si bien , c'est grâce à ses soins et à son savoir. Mais il se dévoua surtout aux filles d'Ann, Margery et Agnès, et en effet il arrive toujours que notre cœur s'exprime avec un amour semblable à celui de nos propres fils ou filles envers la progéniture de la femme que nous avons aimée, même lorsqu'elle a n'a jamais été le nôtre.

Eppelein Gockel , le fidèle serviteur de mon frère, était marié à la fatigante femme de tante Jacoba . Après la mort de son maître, je l'ai nommé hôte dans la taverne du "Ciel Bleu", et tandis que sa femme était une âme active et que ses récits sur les étranges aventures qu'il avait connues parmi les païens impies apportaient beaucoup de coutume à sa petite taverne. salon, il aspirait à être un homme de grande corpulence et de grandc présence.

Sept ans après notre retour à la maison, mes soucis les plus durs concernant les préoccupations de mon métier étaient dépassés, même si je dois encore garder les yeux ouverts et ne donner aucun repos au cerveau et au corps. J'ai passé la moitié de ma vie à voyager, et tandis que je sentais que ce n'était qu'en ouvrant d'autres branches de commerce que je pourrais satisfaire aux nombreuses revendications qui m'assaillirent toujours, je me mis à réfléchir à la question ; et comme j'avais vu dans la maison d' Akusch avec quelle joie les femmes égyptiennes achetaient des noisettes de notre pays, je me mis à vendre en grande partie cette humble marchandise ; et aujourd'hui j'envoie chaque année par bateau au Levant pour plus de dix mille sequins de ces marchandises. De même , j'ai fait des fourrures de l'Allemagne du Nord et des jouets de Nuremberg une partie de mon commerce, qui du temps de mon oncle se limitait aux épices et aux articles tissés. Et ainsi, peu à peu, mes bénéfices s'accrurent jusqu'à atteindre une belle somme, et, par la faveur de Dieu, notre maison jouit d'un plus grand respect qu'elle n'en avait jamais eu autrefois.

Et il s'agit pour moi de me réjouir qu'en ce moment il y ait à nouveau un Im Hoff à ma tête, de sorte que l'ancien nom soit transmis ; La fille aînée d'Ann, Margery Schopper , a épousé un certain Berthold Im Hoff, qui est maintenant mon digne partenaire.

Les fils de l'aînée Margery, les jeunes Waldstromers , avaient en eux beaucoup le tempérament précipité de Schopper et une voix pour chanter ; et tous les trois ont bien fait, chacun à sa manière. Herdegen est maintenant le Ranger héréditaire et n'est pas moins honoré que Kunz Waldstromer , mon filleul bien-aimé, qui est un homme de droit au service de notre bonne ville. Franz, qui s'est consacré très jeune à l'Église, sous la protection de monseigneur le cardinal Bernhardi , a déjà été nommé pour succéder à notre évêque actuel, âgé et faible.

Le fils d'Agnès, la fille cadette d'Herdegen , est Martin Behaim , un jeune fougueux dans lequel le tempérament fougueux et agité de son grand-père revit, quoique quelque peu apaisé.

Et si vous me demandez maintenant comment il se fait que, bien que mon cœur batte assez chaleureusement pour notre bonne ville, son bien-être et son honneur, je n'ai pris qu'une part passagère aux devoirs de son vénérable Conseil, voici ma réponse : Dans la mesure où pourvoir à l'augmentation des richesses de la famille Schopper prenait toutes les forces que j'avais, je manquais de temps pour servir la république comme mon cœur l'aurait désiré ; et au moment où mon cher neveu Berthold Im Hoff est venu partager la direction du commerce avec moi, j'étais tout à fait disposé à me retirer derrière mon jeune associé, le gendre d'Ann, et à prendre sa place dans l'entreprise, pendant qu'il et Kunz Waldstromer ont été choisis avec une haute dignité au Conseil. Néanmoins, il est bien connu que j'ai consacré à la ville plus de temps, de travail et d'argent que bien des maires et capitaines de garde. J'en fais mention jusqu'à la fin, afin que ceux qui viendront après moi ne m'accuseront pas de mal égoïsme.

De même, certains me demanderont peut-être pourquoi moi, le dernier rejeton mâle de l'ancienne race Schopper , ai vécu une vie célibataire. Mais il est certain qu'ils m'épargneront la réponse, à qui j'ai honnêtement avoué tous mes chagrins lors de la rencontre d' Herdegen avec Ann.

Après la mort de son seigneur bien-aimé, la jeune veuve fut envahie par une mélancolie maussade dont rien ne pouvait la sortir. A cette époque , vous, ma Margery et Agnès, ses filles, vous étiez accrochées à moi comme à votre propre père ; et quand, au bout de trois ans, ta mère fut guérie de cette mélancolie, tu avais appris à m'appeler père pendant que je jouais avec toi et t'aimais à la place de « ta » mère, et que je t'apprenais à croisez vos petites mains en prière et vous conduisez dehors pour prendre l'air en marchant à vos côtés. Votre mère n'y avait pas prêté attention ; mais ensuite, lorsqu'elle s'épanouit dans une nouvelle et merveilleuse beauté, et que je vis que Hans Koler et le chevalier Sir Henning von Beust , qui étaient également restés célibataires, étaient de nouveau ses prétendants, le vieil amour s'est réveillé dans mon cœur ; et un beau soir de mai, dans la forêt, la question s'est posée à mes lèvres si elle ne pourrait pas m'accorder le droit de vous appeler bien mes enfants devant tout le monde, et elle....

Mais à quoi bon toucher la blessure qui, à ce jour, est à peine cicatrisée ?

Dans ce monde et dans l'autre, elle n'appartiendrait jamais à un autre homme à qui le grand et unique amour de son cœur avait été donné. Mais à partir de ce soir-là, moi, le prétendant débouté, je dois souffrir que vous, les enfants, ne m'appeliez plus père, mais oncle Kunz ; et quand ensuite il s'agissait de mon cher petit oncle, tu peux croire que j'étais reconnaissant. Elle n'en repoussa pas moins le procès de Koler et de von Beust ; mais ce dernier gentleman compensa son renvoi en épousant une noble demoiselle de Brandebourg. Plus tard, lorsqu'il vint à Nuremberg , il fut accueilli par Margery, puis, retrouvant Ann, il se montra encore si jeune et si dévoué à son service, malgré ses cheveux gris, que pour il était certain que c'était bien pour son bonheur à la maison qu'il vienne sans sa femme.

Peu de temps après le rejet d'Ann, j'ai avoué à Margery ce qui s'était passé, et quand elle l'a entendu, elle a passé ses bras autour de mon cou et a crié : « Pourquoi, jamais content, devez-vous avoir envie d'un nouveau foyer et d'une nouvelle famille ? Ne sont-ils pas deux chaleureux ? " Vous avez un foyer près duquel vous asseoir, et l'amour et les soins de deux fidèles ménagères ; et n'êtes-vous pas le père et le conseiller, non seulement de vos neveux et nièces, mais aussi de leurs parents ? " Tout cela, elle le disait avec un débordement d'amour fraternel ; et si cela m'a réconforté, comme je le raconte ici, parce que j'avais cruellement besoin de si bonnes paroles, si je me souviens ici combien la vie me paraissait souvent triste.

Non, non ! C'était doux, céleste et digne de toutes actions de grâces que moi, qui des trois liens Schopper était jusqu'ici le plus humblement doué, que le destin ait permis que je sois d'une certaine utilité aux deux autres, et même à leurs enfants et petits-enfants. , et pour contribuer à leur bien-être. En cela, je puis le dire avec fierté, j'ai eu toute la rapidité nécessaire ; ainsi le travail de ma vie n'a pas été vain, et je peux qualifier mon sort d'heureux. Et ainsi j'ai également prouvé la véracité de la parole du vieil Adam Heyden , selon laquelle celui qui fait le plus pour les autres en même temps fait le mieux pour lui-même.

LA FIN.

SIGNETS DE L'ÉDITEUR ETEXT :

Toujours ramper là où le véritable amour a trouvé un nid - (jalousie) Celui qui se tenait au soleil a dû jeter une ombre sur les autres. Nous attendons tous et chacun